又見朝陽
YOU JIAN · CHAO YANG

"中国式现代化的故事"丛书

张占斌　总主编

又见·朝阳

中国式现代化的朝阳故事

中共北京市朝阳区委党校　编著

·北京·

图书在版编目（CIP）数据

又见·朝阳：中国式现代化的朝阳故事/中共北京市朝阳区委党校编著. -- 北京：国家行政学院出版社，2024.10. --（"中国式现代化的故事"丛书）.
ISBN 978-7-5150-2924-5
Ⅰ．D671.3
中国国家版本馆CIP数据核字第2024F3D408号

书　　名	又见·朝阳——中国式现代化的朝阳故事 YOUJIAN·CHAOYANG——ZHONGGUOSHI XIANDAIHUA DE CHAOYANG GUSHI
作　　者	中共北京市朝阳区委党校　编著
统筹策划	胡　敏　刘韫劼　王　莹
责任编辑	王　莹　马文涛
责任校对	许海利
责任印刷	吴　霞
出版发行	国家行政学院出版社 （北京市海淀区长春桥路6号　100089）
综 合 办	（010）68928887
发 行 部	（010）68928866
经　　销	新华书店
印　　刷	北京新视觉印刷有限公司
版　　次	2024年10月北京第1版
印　　次	2024年10月北京第1次印刷
开　　本	145毫米×210毫米　32开
印　　张	6.75
字　　数	120千字
定　　价	65.00元

本书如有印装问题，可联系调换。联系电话：（010）68929022

出版说明

党的二十大报告指出,从现在起,中国共产党的中心任务就是团结带领全国各族人民全面建成社会主义现代化强国、实现第二个百年奋斗目标,以中国式现代化全面推进中华民族伟大复兴。习近平总书记在中央党校建校90周年庆祝大会暨2023年春季学期开学典礼上的讲话中首次创造性提出"为党育才、为党献策"的党校初心。紧扣党的中心任务,践行党校初心,中央党校出版集团国家行政学院出版社和中央党校(国家行政学院)中国式现代化研究中心特别策划"中国式现代化的故事"丛书,邀请地方党校(行政学院)、宣传部门、新闻媒体、行业企业等方面共同参与策划和组织编写,从不同层次、不同维度、不同视角讲述中国式现代化的地方故事、企业故事、产业故事,生动展示各个地区、各个领域在大力拓展中国式现代化新征程上的理念创新、实践创新、制度创新、文化创新等，精彩呈现当代中国以中国式现代化全面推进中华民族伟大复兴的宏大历史叙事，以讲好中国式现代化的故事来讲好中国故事。

该丛书力求体现这样几个突出特点：

其一，文风活泼，以白描手法代入鲜活场景。本丛书区别于一般学术论著或理论读物严肃刻板的面孔，以生动鲜活的题材、清新温暖的笔触、富有现场感的表达和丰富精美的图片，将各地方、企业推进中国式现代化建设的理论思考、战略规划、重要举措、实践路径等向读者娓娓道来，使读者在沉浸式的阅读体验中获得共鸣、引发思考、受到启迪。

其二，视野开阔，以小切口反映大主题。丛书中既有历史人文风貌、经济地理特质的纵深概述，也有改革创新举措、转型升级案例的细节剖解，既讲天下事，又讲身边事，以点带面、以小见大，用故事提炼经验，以案例支撑理论，从而兼顾理论厚度、思想深度、实践力度和情感温度。

其三，层次丰富，以一域之光映衬全域风采。丛书有开风气之先的上海气度，也有立开放潮头的南粤之声；有沉稳构筑首都经济圈的京津冀足音，也有聚力谱写东北全面振兴的黑吉辽篇章；有在长江三角洲区域一体化发展中厚积薄发的安徽样板，也有在成渝地区双城经济圈中走深走实的川渝实践；有生态高颜值、发展高质量齐头并进的云南画卷，也有以"数"为笔、逐浪蓝海的贵州答卷；有"强富美高"的南京路径，也有"七个新天堂"的杭州示范……。丛书还将陆续推出各企业、各行业的现代化故事，带读者领略中国式现代化的深厚底蕴、辽阔风光和壮美前景。

"中国式现代化的故事"丛书既是各地方、企业推进中国式现代化建设充满生机活力的形象展示，也是以地方、企业发展缩影印证中国式现代化理论科学性的多维解码。希望本丛书的出版，能够为各地方、企业搭建学习交流平台，将一地一域的现代化建设融入全面建设社会主义现代化国家的大局，步伐一致奋力谱写中国式现代化的历史新篇章。

国家行政学院出版社
"中国式现代化的故事"丛书策划编辑组

总　序

党的二十大擘画了全面建成社会主义现代化强国、以中国式现代化全面推进中华民族伟大复兴的宏伟蓝图。中国式现代化是前无古人的开创性事业,是强国建设、民族复兴的康庄大道。回顾过去,中国共产党带领人民艰辛探索、铸就辉煌,用几十年时间走完西方发达国家几百年走过的工业化历程,创造了经济快速发展和社会长期稳定的两大奇迹,实践有力证明了中国式现代化走得通、行得稳;面向未来,在以习近平同志为核心的党中央坚强领导下,各地方各企业立足各自的资源禀赋、区位优势和产业基础、发展规划,精心谋划、奋勇争先,在推进中国式现代化过程中将展现出一系列生动场景,一步一个脚印地把美好蓝图变为现实形态。

中国式现代化,是中国共产党领导的社会主义现代化，既有各国现代化的共同特征，又有基于自己国情的中国特色。中国式现代化，是人口规模巨大的现代化，是全体人民共同富裕的现代化，是物质文明和精神文明相协调的现代化，是人与自然和谐共生的现代化，是走和平发展道路的现代化。这五个方面的中国特色，不仅深刻揭示了中国式现代化的科学内涵，也体现在不同地方、企业推进现代化建设可感可知可行的实际成果中。中国式现代化理论为地方、企业现代化的实践探索提供了不竭动力，地方、企业推进中国式现代化建设的成就也印证了中国式现代化道路行稳致远的时代必然。

为讲好中国式现代化的故事，更加全面、立体、直观地呈现中国式现代化的丰富内涵和万千气象，中央党校（国家行政学院）中国式现代化研究中心和中央党校出版集团国家行政学院出版社联合策划推出"中国式现代化的故事"丛书，展现各地方、企业等在着眼全国大局、立足地方实际、发挥自身优势，推进中国式现代化建设上的新突破新作为新担当，总结贯穿其中的完整准确全面贯彻新发展理念、构建新发展格局、推动高质量发展的新理念新方法新经验。我们希望该系列丛书一本一本的出下去，能够为各地更好推进中国式现代化建设以启迪和思考，为以中国式现代化全面推进中华民族伟大复兴凝聚更加巩固的思想基础，为进一步推进中国式现代化的新实践、书写中国式现代化的新篇章汇聚磅礴力量。

中央党校（国家行政学院）

中国式现代化研究中心主任

2023 年 10 月

前 言

"凤凰鸣矣,于彼高冈。梧桐生矣,于彼朝阳。"

朝阳区位于北京中心城区,于1958年建区,国际化资源集中、时尚化特征显著。建区以来,区划几经调整。目前,朝阳区面积为470.8平方千米,辖24个街道、19个地区(乡),设672个社区、107个村。

朝阳区的建设发展与时代脉搏紧密相连。

初见朝阳。这里是首都的"米袋子"和"菜篮子",也是北京市新兴工业区和重要的外事活动区,新中国首个大型综合性体育场在这里落成。

再见朝阳。这里成为对外开放的前沿阵地,是国际交往的重要窗口。全国首个商务中心区在这里拔地而起,第一座商务办公楼在这里开业,改革开放后第一份涉外写字楼商务租约在这里诞生。

又见·朝阳
YOUJIAN·CHAOYANG

又见朝阳。这里融合本土与国际、商务与科技、消费与时尚、自然与人文、农村与城市,多元共生,相得益彰。这里是全球首个"双奥"之区,全国首个也是目前唯一的国家文化产业创新实验区落户于此。百余家文化产业园区是创意梦想着陆的理想家园,地铁14号线沿线、亮马河畔、国贸周边、望京地区潮流时尚商圈锦绣繁华,首都"水上会客厅"令人心旷神怡,推窗见绿、出门进园、千园锦绣、万物共生的生态图景逐一呈现……

迈上全面建设社会主义现代化国家新征程,朝阳区以"新"主导,以"质"为胜,不断汇聚起发展新质生产力的时代洪流,以国际化特色优势链接全球高端资源,加快推进"CBD×三里屯"国际消费体验区建设;深入实施"商务+科技"双轮驱动发展战略,打造首都新质生产力融合发展示范区;持续践行"绿水青山就是金山银山"理念,全力打造北京花园城市示范区;深化共建共治共享理念,推动城乡融合发展,奋力书写中国式现代化的朝阳新篇章。

本书从时尚消费、文化产业、开放发展、生态建设、基层治理等方面,选取具有代表性的案例,以小切口、微视角讲述朝阳区在推进中国式现代化进程中的发展故事。希望通过本书,读者能够体验朝阳区应势而变、应时而变、应需而变的开拓创新之旅,进一步认识朝阳、了解朝阳、喜欢朝阳,感受宜居、宜业、宜商、宜学、宜游"五宜"朝阳的魅力,凝聚起推动中国式现代化实践的磅礴力量。

目 录

1 日日争新　与时偕行　　1
产业更新　　3
"双奥"之区　　13
治理探索　　26

2 年丰物阜　锦绣繁华　　35
14号线商业带　　39
亮马河经济带　　45
CBD商圈　　49

3 汲古润今　以文兴城　　61
文化&传统　　63
文化&艺术　　74
文化&时尚　　85

4 汇聚合力　创新发展　95

国际"朝"商务　97
品质"朝"生活　105
科技"朝"体验　111

5 绿柳和风　水碧于天　123

亮马河　125
元大都城垣遗址公园　140
温榆河公园朝阳段　149

6 熙熙泰和　长乐无忧　161

三里屯　163
双井街道　171
半壁店村　178

结　语　189
后　记　191

日日争新
与时偕行

古今脉络,凤鸣朝阳。
农村城市化到城市现代化的朝阳区日新月异。
万物生长,一路朝阳。
文化、国际化、大尺度绿化的朝阳区蓬勃发展。
日出东方,又见朝阳。
现代感、数智化、文艺范儿的朝阳区续写华章。

产业更新

从传统农业到现代都市农业

"五谷者,万民之命,国之大者。"朝阳区农业发展历史久远,都市农业基底稳固,拥有郎枣、清水稻、黑庄户"宫廷"金鱼等农业文化遗产。随着农村城市化的快速推进,朝阳区的发展定位不断调整,产业格局不断优化。在数字技术快速发展的时代背景下,朝阳区将数字技术与生产经营、乡村治理、公共服务深度融合,推动全产业链、全领域、全场景科技兴农,用特色农业推动农村城市化进程,将农耕情怀和农耕文明展示在高楼耸立的国际化城区之中,探索从传统农业种植到生态农业与数字农业高度融合的农业发展之路。

20世纪50年代初,朝阳区是首都郊区的主要产粮区,负责全市的粮油计划供应和收购工作。建区初期,朝阳区辖域内以农业生产为主,通过提倡稻麦两茬种植,形成了水稻、小麦、玉米等多品种种植的发展态势。20世纪80年代,朝阳区的农业发展以面向首都市场、适应首都需要为基本方针,不断丰富首都市民的"菜篮子"。20世纪90年代初,朝阳区每年向首都市场提供的农副食品占全市的1/5以上,成为首都重要

的副食品生产基地。进入21世纪，随着农村城市化进程快速推进，朝阳区的传统农业体量缩小，开始发展以休闲观光、服务市民、文化体验等为主的功能复合型都市现代农业，打造了金盏蓝调庄园、崔各庄圣露庄园等集生态涵养、休闲体验、科普教育于一体的农业基地。朝阳区的农业体量小，农用地面积少，但发展特色突出，为首都中心城区提供了稀缺的都市田园空间。

  朝来农艺园是朝阳区国家数字农业创新应用基地两个试点园区之一，园区全域实行数字化智能管理，能够实时自动完成温室的升降温、通风、除雾、补光等，为作物高产、优质、安全创造条件。在温室内，机器人对温室的温度、湿度、光照强度等进行巡检，技术员在园区控制大厅里根据机器人传来的数据，精准计算各种蔬菜、水果下一步的"营养套餐"，之后通过营养液自动供给系统、人工模拟节能光源，基于人工智能的智慧管控系统一键供给。与传统种植方式相比，园区蔬菜产量提高15%，人力投入节省约50%，肥料、农药等农业投入品的投入量降低了25%，节水超过30%。园区还打造了一座280平方米的展示厅，将虚拟现实技术与农业相结合，以虚拟游园的形式对农作物进行沉浸式的识别体验。机器人"导游"依靠摄像头识别，实时播报农作物情况，机器人"农民"可

朝来农艺园（图片来源：来广营乡）

以自动采摘成熟果实，虚拟现实眼镜带来"蔬菜过山车"沉浸式体验。

截至2023年，朝阳区的11家农业园区取得了标准化生产基地认证，9家成为"三品"认证基地，来广营乡的朝来农艺园、孙河乡郎枣园还成为国家数字农业创新应用基地项目，"小而强""小而精""小而美"的现代都市农业高质量发展逐步呈现。

从工业基地到时尚文化秀带

20世纪50年代，在"以农业为基础，工业为主导"的国民经济发展总方针指导下，纺织、电子、化工、机械制造、汽车制造等重点骨干企业相继"落户"朝阳区。至1958年底，朝阳区辖域内先后建起60多个大中型工业企业。

1954年，国营北京第一棉纺织厂举行了开工典礼。随后3年内，地处通惠河北岸小庄到十里堡一带的北京第一、第二、第三棉纺织厂相继建成投产，成为当时的新兴支柱产业。以此为基础，北京成为全国五大纺织业工业基地之一。1955年，由北京新华试剂研究所扩建的北京化学试剂厂建成投产，成为当时最先投产的化工企业。1956年，当时亚洲最大的电子管厂——北京电子管厂建成。1957年，北京有线电厂和华北无线电器材联合厂相继建成投产。至此，朝阳区酒仙桥地区形成了一个粗具规模的现代电子工业城。我国第一台电子计算机所用的电子管、第一部自动电话交换机、第一台电子管数字计算机、第一台晶体管计算机都出自这里，扭转了长期以来我国电子元器件完全依赖国外进口的被动局面，为我国发展新兴技术、尖端技术创造了条件，为经济社会发展作出了重要贡献。

1958年，作为首都十大建筑配套工程的北京炼焦化学厂（简称焦化厂）开始建造，建成投产后结束了北京没有煤气的历史。随着焦化厂的建成，以炼焦为主的化学工业基地在朝阳区大郊亭至垡头一带基本形成。这里曾经有我国自主研制的第一台炼焦炉，为首

1958年11月第一座炼焦炉建成（图片来源：朝阳区档案馆）

钢炼钢提供焦炭燃料保障，是当时国内规模最大的独立焦化厂、首都主要能源供给基地。

20世纪末，曾经承载新中国工业化建设恢宏历史的工业产业逐步退出，部分工业厂房腾退闲置，如何转型发展再续辉煌，是朝阳人面临的重要课题。1996年，中央美术学院一位教授在原798厂（今798艺术区的一部分）空置厂房进行了大型雕塑艺术创作，开启了朝阳区从工业区走向文化艺术区的先河，也为当代艺术和文创产业的高速发展增添了浓墨重彩的一笔。

又见·朝阳
YOUJIAN·CHAOYANG

2002年开始,更多注重创意想象空间及个人文化张扬的艺术家在798艺术区聚集,吸引无数文艺青年前往参观、打卡、观摩、学习交流。如今,如果有人问,能够体现首都文化活力的艺术区在哪里,798艺术区一定在答案之中。

798艺术区的包豪斯建筑(图片来源:798-751园区)

文化创意产业蓬勃发展,能够带动产业链发展,汇聚资源。随着中央电视台、北京电视台、凤凰卫视等知名传媒机构相继入驻朝阳区,以动漫、影视、广告、策划等为主的企业汇集效果更加明显。2014年,朝阳区通过第二批国家级文化和科技融合示范基地认定，并入选北京中关村国家级文化和科技融合示范基地。至此，文化艺术、新闻出版及发行、广播电视电影、软件和信息技术、广告和会展、艺术品生产与销售、设计服务、文化休闲娱乐用品设备生产销售及相关辅助的新型创意产业生态链在朝阳区逐步形成。随着全国首个国家级文化产业创新实验区落户，朝阳区的文化产业创新发展、协同融合的集群发展态势更加凸显。文化创新产业链的发展进一步带动了老工业园区的华丽转身，始建于20世纪60年代的铜牛纺织工厂，转变为北京市级文化产业园区和北京市新时代文明实践基地——铜牛电影产业园，很多家喻户晓的影视作品都在这个翻布机与影音设备共存的园区里诞生。同样，北京纺织仓库转型后也声名鹊起，成为集文化、产业、办公于一体的文化产业园区——首创·郎园Station。园区内30栋大型仓库和2.23千米铁路专用线，使这个市级文化产业示范园区别具魅力。

从单个文化产业基地打造到促进资源与产业链的整合，推动"文化+科技"的深度融合，形成文化产业集聚区，进而在更大范围内和更高水平上推进产业集群化，朝阳区探索出4种工业遗存转型文化产业园区的发展模式。包括艺术家自发聚集发展、政府提供管理服务；产权方与专业机构联手打造；政府投资建设并运营管理；在政府引导下，国有企业组建新的运

营团队进行整体改扩建。朝阳的探索为全国老旧厂房转型发展提供了有益经验和借鉴，也成为首都"全国文化中心"建设的新名片和引领全国文化产业创新发展的试验田。在协同发展的大背景下，朝阳区还发起成立了全国首个老旧厂房保护利用与城市文化发展联盟，搭建了全国首个京津冀文化产业协同发展中心，成立了全国首个文化企业信用促进会，实施了全国首个培育文化上市企业的"蜂鸟计划"，引进了全国首个国家级版权监测中心平台和首个国家版权创新基地，建设了全国首个"文创云园区"……

截至2024年初，朝阳区已有798、751、郎园、莱锦等102家文化产业园区投入运营，总建筑面积逾600万平方米，汇聚各类企业6600余家，形成错位、协同、融合发展新格局。其中，39家园区获评2023年度市级文化产业园区，占全市比重37%，数量居全市第一，展现了朝阳区的深厚文化底蕴和融合发展魅力。

涉外商业到国际化商务

新中国成立后，众多涉外宾馆、涉外酒店及外交公寓开始在位于朝阳区的使馆区周边集聚。联合国办事机构、国际足联办事处的设立，90%以上的各国驻京新闻机构、60%以上的海外企业代表机构，以及大量世界500强跨国企业入驻朝阳区，为朝阳区国际化商业发展注入了更多动力。

成立于 1964 年的北京友谊公司，1973 年由东华门大街迁至建国门外大街，正式更名为北京友谊商店。作为中国首家大型涉外零售企业，北京友谊商店以其独具特色的民族精品和优质的服务赢得了广泛赞誉，曾连续十届获得首都旅游服务业的最高荣誉——紫禁杯。这里曾成功接待世界各国首脑、政要及知名企业家，并先后为第 11 届亚运会、第 6 届远东及南太平洋地区残疾人运动会、第 4 次世界妇女大会、第 21 届世界大学生运动会等大型国际活动提供专场服务，为传播民族传统文化、促进国际友好交流作出了贡献。

1985 年，中国第一座商务办公楼、北京第一座涉外出租的写字楼——国际大厦对外营业。国际大厦高 101 米，是当年的北京第一高楼，因其深棕色的独特外观造型，也被称为"巧克力大厦"。在这座大厦里诞生了中国改革开放后第一份涉外写字楼商务租约。国际大厦的建成与市场投入运营，是

1973 年的北京友谊商店（图片来源：朝阳区档案馆）

又见·朝阳
YOUJIAN·CHAOYANG

改革开放初期国家"破旧立新"的生动缩影,承载着老一辈建设者让中国人民"富起来"的美好期许。

在 1985 年正式开业的还有位于建国门外大街北侧秀水东街的中国第一个涉外自由市场——秀水市场,主要经营服装、箱包、工艺品等。秀水市场开业以来深受海外游客欢迎,被称为"OK 街"、北京的"小香港"、北京的"小巴黎"等,一些外国政要及其家人都曾以普通顾客身份到秀水街选购服装。有经济学家称秀水街为"用改革开放的剪刀裁剪出来的 21 世纪的清明上河图"。

国际化商务氛围浓厚是朝阳区的又一特色。《北京城市总体规划(1991 年至 2010 年)》首次提出,在建国门至朝阳门、东二环路至东三环路之间,开辟具有金融、保险、信息、咨询、商业、文化和商务办公等多种服务功能的商务中心区的战略构想,开启了从"中国北京大北窑"到世界级 CBD 的发展之路。2000 年,首届北京朝阳国际商务节成功举办,推出了"北京 CBD"的概念。随着北京商务中心区管理委员会正式成立,北京 CBD 进入了政府主导、全面推进的建设阶段。2001 年中国加入 WTO 和 2008 年奥运会的举办,加速了北京 CBD 建设的步伐。经过 20 多年的发展,这个全国首个中央商务区已经成为首都高端产业功能区之一、对外开放的前沿阵地、国际交往的重要窗口、

"两区"建设的主阵地。在东起东四环、西至东大桥路、南临通惠河、北接朝阳北路的北京CBD中心区7.04平方千米区域内,自贸试验区占4.96平方千米,矗立着中信大厦、国贸三期、中央电视台大楼等标志性建筑,聚集了北京市50%以上的甲级写字楼、30%的五星级酒店,容纳了90%的国际商务展览、50%的国际会议。① 连续举办20多届的北京CBD国际商务季,已经成为中国与国际交往的重要平台,北京CBD论坛已经成为连接世界资源、凝聚全球智慧、深化国际合作的重要纽带。2020年发布的《全球商务区吸引力报告》显示,北京CBD全球排名第七,亚洲排名第二,中国蝉联第一。

"双奥"之区

"双奥"之区

北京工人体育场是新中国首个大型综合性体育场,也是朝阳区国际化发展的见证之一,留下了许多重要的城市记忆。这里不仅举办过5届全国运动会、1990年第11届亚洲运动会、2001年世界大学生运动会、2004年亚洲杯足球赛及不计其数的足球赛,还是北京

---

① 资料来源:"北京CBD——活力开放的商务中心区"公众号。

又见·朝阳
YOUJIAN·CHAOYANG

国安俱乐部的主场。同时,这里也是集体育文化、娱乐、餐饮、文创为一体的市民活动中心和国际性文化交流中心。

第 11 届亚运会,我国向世界展示了改革开放的新形象,展示了中国特色社会主义制度的优越性,这也是朝阳区进入以大事引领推动全面发展的重要节点。筹办

1990 年第 11 届亚运会在工体开幕(图片来源:朝阳区档案馆)

亚运会的4年里，不仅北京工人体育场为了适应需求进行了第一次重大翻修，朝阳区也开展了建区以来最大规模的环境综合整治，城乡面貌发生显著变化。完成了640公顷的大环境绿化，建成国家奥林匹克体育中心、朝阳体育馆等一批重要场馆设施，三环路朝阳区路段建成11座立交桥，14个住宅小区建设竣工，国贸中心等一批重要商贸文化设施和城市标志性建筑相继建成，五洲大酒店、北京国际会议中心等相继落成，大屯村原来的鱼池村位置建成了英东游泳馆，大屯村及其周边以农田、荒地、村舍等为主体的景象焕然一新，成为一个集高档物业经营、会展旅游、房地产开发、高新技术产业、商业贸易为一体的大型金融商贸会展社区。

2008年，一届"无与伦比"的奥运会在北京成功举办，中国向世界展示了自身实力和发展成就。奥运会的主场馆国家体育场（鸟巢）和游泳中心（水立方）选定在朝阳区的大屯地区，奥林匹克公园公共区、13个奥运竞赛场馆、12个奥运非竞赛场馆、5个独立训练场馆、2个奥运开放型赛事、54家签约宾馆、29条途经路线和3家定点医院也都在朝阳区。朝阳区充分发挥属地管理模式的优势，坚持"发现问题在街乡，解决问题在专业部门"的原则，不仅圆满完成各项保障任务，还确立了新的发展优势，农村城市化、城市现代化、区域国际化发展实现了质的飞跃。

又见·朝阳
YOUJIAN · CHAOYANG

国家体育场（鸟巢）及其周边（图片来源：朝阳区融媒体中心　张正晔摄）

2022年，北京冬奥会成功举办，北京成为世界上唯一举办过夏季奥运会、冬季奥运会的城市，朝阳区则成为迄今世界上唯一的"双奥"之区。朝阳区通过整治老旧小区环境，进一步改善了奥林匹克公园中心区及周边环境面貌。通过在中小学校大力推广冬季体育项目课程，积极响应"努力实现带动3亿人参与冰雪运动的目标"，在"相约2022——托起未来之移动冰场进校园活动"中，中小学生的冰雪运动知识得到广泛普及，运动兴趣得到极大提高。朝阳区还组建了短道速滑队、花样滑冰队、高山滑雪队、单板滑雪队和冰球队等9支男子、女子冰雪运动队伍，挖掘、积累更多的冰雪项目特长人才，向国家输送，全方位保障冬奥会目标圆满达成。

大尺度绿化

作为超大城市中心城区，立足区域实际推进人与自然和谐共生，通过大尺度绿化建设宜居、宜业生态环境，探索"绿水青山"到"金山银山"的转化的实现路径，是朝阳区推动高质量发展过程中的重要举措。

2000年，《北京市区绿化隔离地区总体规划》发布，朝阳区有17个乡、91个村涉及第一道绿化隔离带（简称"一绿"）规划建设，规划绿化面积68.55平方千米，占全市规划绿化面积的54.7%。在"以绿化促进规划、以规划引导发展"的发展思路下，朝阳区构建了城市中心区－绿化隔离地区－边缘集团－次隔离地区四个层次的横向发展格局，推动农村城市化进程全面加速。2003年，朝阳区的绿化隔离地区绿化总面积达到了56平方千米，完成规划绿化总面积的81.7%，区域内形成了3个超1.5万亩的绿色板块，获得了全国首批绿化模范城市称号。

通过统筹推进拆迁安置、产业发展、绿化美化、转工转居、产权改革、社会管理等工作，"一绿"地区全面实现了城市化，为城乡接合部的改革发展积累了经验。2007年，高碑店乡和南磨房乡被命名为"全国环境优美乡"。2018年，高碑店乡西南部的半壁店村

又见·朝阳
YOUJIAN · CHAOYANG

和北京排水集团联手打造了"通惠河畔"生态湿地，曾经的城中村变成了大尺度绿化的千亩湿地绿廊，成为望得见山、看得见水的全新生态家园，被称为"距天安门最近的美丽乡村"。

2004年，北京市第二道绿色隔离带（简称"二绿"）建设启动，涉及朝阳区的4个乡、58个行政村。"二绿"地区是推动首都城乡减量发展、改善提高城市生态承载力、实现城乡转型发展的关键区域。在推进"二绿"建设过程中，朝阳区大力推进郊野公园建设和平原造林，按照"以水为魂、以绿为本、以人为本"，景观价值和生态功能并重的理念开展温榆河生态走廊建设。2020年，温榆河公园朝阳示范区建成开放。2022年，温榆河公园朝阳段一期落成开园，园区内蓝绿交织、林水相依，芸上梯田、茑屋等吸引游客络绎不绝。

经过"一绿"和"二绿"建设，朝阳区集中、连片、连带地形成了北部、东部、东南部三大绿色板块，打造了一条贯穿南北的绿色长龙，生态环境得到明显改善。从温榆河公园一路向南，经奥林匹克森林公园，过望京，至朝阳公园，再到红领巾公园，一条条绿道，串起沿线风景，一路林荫相伴。

2022年，北京市首个无界公园——元大都城垣遗址公园完成了围栏拆除，实现了公园和市政道路的自然过渡。随着一座座公园围栏被陆续拆除，公园绿地与周边城市环境自然融为一体,绿道连公园、连社区、连产业、连景点、连商业的系统体系逐步形成,很多街巷形成了"一路一花一叶"的独特街景,"千园之城"逐步呈现。2023年,朝阳区被命名为"国家生态文明建设示范区"。

朝阳公园附近绿道(图片来源:朝阳区委党校　冯雪梅摄)

城市更新

城市更新不仅是改造建筑形态的过程,也是提升城市功能的重要手段,更是探索优化人居环境、改善居住条件的过程。朝阳区在开展城市更新过程中把生

又见·朝阳
YOUJIAN · CHAOYANG

海棠花溪春景（图片来源：朝阳区融媒体中心　张正晔摄）

态文明建设理念融入城市更新全过程，利用城市更新，让城市变得更美，在市民生活品质、公共空间品质、城市风貌品质、区域功能品质提升等方面都探索出成功路径。2021年以来，有16个城市更新项目入选市级示范项目，居全市首位。

　　近年来，关注城市更新和老旧小区治理的人一定听说过"劲松模式"。何为"劲松模式"？"劲松模式"源于位于北京国贸CBD以南3千米的劲松北社区，该社区总占地约26公顷，包含43栋居民楼，总住户数约3900户，是北京第一批成建制小区。建成之初，住进社区就意味着从大杂院到独立住房的转变，意味着生活品质的改善，意味着福利和荣誉。然而，随着时间的推移，社区内逐渐出现了基础设施陈旧、私搭乱建、高龄老人缺乏关注等问题，甚至自行车棚中一度都住着人。2018年，劲松北社区所在的劲松街道在老旧小区综合整治基础上，引入社会资本参与，在保证社会资本投资收益的同时，全面提升老旧小区居住舒适度和社区管理水平，开启了全市首个由社会资本参与改造的社区更新模式。2019年，改造后的社区焕发了新生，有了可人脸识别的大门，有了干净整洁的路面和人气旺盛的老年食堂，有了可以给老人上培训课的美好会客厅，有了提供优质服务的物业公司，社区活力和居民的幸福指数大大提升。2020年起，住建部在官方网站公布7批"城镇老旧小区改造可复制政策机制清单"，"劲松模式"位列其中。2023年"劲松模式——老旧小区更新模式探索及成果展"在北京市规划展览馆展出。

国际消费中心城市是现代国际化大都市的核心功能之一。2019年以来，国际消费中心城市建设受到广泛关注，望京小街更新过程中的诸多创新举措，使其成为目前北京最热门的商圈之一，也为老旧商街开展城市更新提供了样本。望京小街邻近机场高速大山桥西侧，北连望京街，南通阜荣街，全长380余米，宽

又见·朝阳
YOUJIAN · CHAOYANG

（前） （后）

劲松北社区内改造前后对比图（图片来源：劲松街道）

约40米，南北两侧为万科时代中心和方恒购物中心，如今提起望京小街，大多数人给出的标签是时尚、文化、活力。然而，2019年以前，它还是一条籍籍无名，甚至杂乱不堪的背街小巷。那时望京小街的道路日渐破损，每天大量共享单车无序"蹲点"，外卖快递车分秒必争地飞驰，基本的通行功能大打折扣，周边商业的可达性也受到了影响。小街两侧分布着近千个持有产权的零散商户和1100余家涉外企业，面临设施陈旧老化、广告牌匾设置凌乱、公共休憩交往空间缺乏等一系列难题。2020年，朝阳区采用"政府投入+社会资本"多方共建模式，将传统道路改为步行街，建成"小街之芯"指挥管理信息化平台，开展全方位综合引导调控，采用街区经营收益反哺街区运营的自平衡运营模式带动区域整体的空间及业态升级，形成了独具特色的望京小街商圈。

绿色生态先行是花园城市建设的重中之重。朝阳区以河道复兴带动城市更新，打造的亮马河国际风情水岸是城市更新的又一样本式力作，项目入选了"2023年北京城市更新最佳实践"，荣获"2023中国城

望京小街（图片来源：望京街道）

市更新优秀案例之十大现象级案例"。在河道复兴过程中，朝阳区采用政企协作共同治河模式，使建筑–绿–水无缝衔接，形成了休闲生活、活力商业、文旅消费、

又见·朝阳
YOUJIAN · CHAOYANG

亮马河沿岸（图片来源：麦子店街道 吕溢摄）

艺术生活相互融合又各具特色的水岸商业片区。更新完成后，约80万平方米的风情水岸连通直达23个居民小区，实现了"推窗见绿、推门见景、沿河有荫"。

城市更新可以解决很多固有"顽疾"，但是其过程也面临各种挑战，在这一过程中片区更新作为一种理念和方式被"委以重任"，用以推动城市发展转型阶段的"优化增量、激活存量、提升质量"。作为全市首个片区更新类公共空间试点项目，朝外大街把理论转化为实践，呈现了焕然一新的街区面貌。朝外大街是一

青年人在 THE BOX 朝外空中光影篮球场跳街舞（图片来源：朝外街道）

条古老的商街。这里是元大都齐化门（今朝阳门）的主街，明清时代是漕粮进京的要道。20 世纪 90 年代，朝外大街曾被北京市政府确定为"北京市第三商业大道"。但随着北京 SKP、合生汇、三里屯太古里等商业项目的入市，朝外商圈的光芒变得逐渐暗淡。2022 年，朝外大街开始以片区更新思路，将朝外大街沿线约 1.2 千米内的写字楼、商业、酒店，以及道路、天桥等公共空间联动更新。2023 年，片区改造中诞生的首个商业空间——朝外一盒（THE BOX 朝外）正式入市。

又见·朝阳
YOUJIAN · CHAOYANG

THE BOX 朝外定位年轻潮流，将艺术、文化、社交等元素融入商业空间，瞄准 Z 世代需求，通过全年持续开展品牌快闪、首发首展、体育竞技、品牌限定发售和活动、艺人活动及各式社群活动，为消费者提供了全新体验。各商业综合体通过对目标客户群体的年龄和职业画像等方式，进行差异化发展。

治理探索

党政群共商共治

社区是城市治理的基石，其治理水平和治理模式直接影响整个社会的治理格局。随着城市的基层管理体制从传统的街道－居委会模式向现代化社区管理模式逐步转变，社区的治理越发得到广泛关注。朝阳区作为北京市中心城区内面积最大的区，共有 600 余个社区，这些社区类型多样，治理充满挑战。多年来，朝阳区一直在探索全面提升社区的治理能力，通过探索和推广党政群共商共治模式，培育了居民家园意识，通过实施"社区成长伙伴计划"让"众享生活圈"的建设更加美好，宜居、宜业环境不断提升。

从最初的问政座谈会，到居民议事厅，再到提案大赛，朝阳区的多元主体参与基层治理不断成熟和深入，居民的主人翁意识不断增强，幸福感不断提升。

朝阳区的党政群共商共治工作机制源自麦子店街道的问政于民。2011年，麦子店街道从改作风、转机制入手，围绕群众关心的难点、热点问题，问政于民、问需于民、问计于民，以推进有序参与、加强议事协商、增强社区服务和资源整合能力、充分发挥群众参与社会管理的积极性。以问政于民为重点，探索形成了党政群共商共治的"问政"模式，不仅让百姓身边的烦心事得到了有效解决，也让居民群众在参与中真切地体验了自己"说了算"的感觉，得到了群众广泛支持。

随着共商共治机制在全区各街道的深入推广，"问需"工作内容不断扩充，形式逐步多样，机制不断完善。政府干什么，怎么干由居民来决断，干得好不好，有没有效果，居民有话语权，要监督评判。垡头双合家园、潘家园磨房南里社区还将居民议事厅"流动"起来，广场上、大树下，"有事大家议、有难社区帮"成为常态，在议事会上，居民可以畅所欲言，充分表达各自的见解，政府与居民之间搭起了沟通桥梁，居民不再只是抱怨、发牢骚，更多的是出主意、想办法。

2014年，朝阳区成立了统筹推进党政群共商共治工作领导小组，重点围绕基层重大公共决策、公共事务、公共利益、公益事业、民生热点难点等开展协商，及时反映和协调人民群众各方面、各层次利益需求，

进一步拓展了基层协商民主的广度和深度。以麦子店街道为典型代表的朝阳区党政群共商共治基层社会治理新模式，获得了"2013年度中国社区治理十大创新成果"荣誉称号。

2018年，朝阳区进一步深化党政群共商共治工作，构建楼院(小区)、自然村－社区(村)－街乡－区四级协商议事体系，进一步完善党委统一领导、各方分工负责、公众积极参与的领导体系和工作机制，把党的领导贯穿民主协商的全过程。同时，顺应大数据、互联网等新一代信息技术发展趋势，探索建立网络协商的制度规范，利用和整合网络新媒体平台，收集居民诉求，听民声、纳民意，从定期、集中拓展到经常、分散，从面对面延伸到了网络全媒体，"网上议事厅""移动议事厅""微提案"逐步推广，形成了网络协商与线下协商、线下办理、线上反馈有机结合，线上线下共同发力的协商共治新格局。截至2023年，朝阳区共搭建楼院（小区）议事平台4859个，推选议事代表83925名，共商共治的理念和方法逐步融入社会治理的各个方面，不仅是居民社区，三里屯、国贸等商圈也将党政群共商共治充分融入其中，实现了政府投入与社会自我调节、居民自治的良性互动，提升了基层社会治理水平，促进了区域经济社会发展。

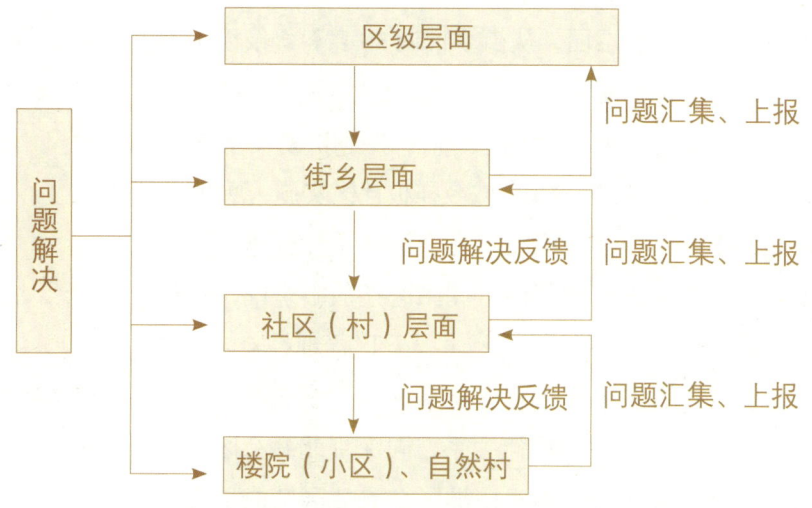

朝阳区党政群共商共治四级议事协商体系运行结构

"社区成长伙伴计划"

由于城乡之间、区域之间发展不平衡，加上部分社区基础较差，社区在治理中面临多重挑战，很多"疑难杂症"难以应对。2019年，朝阳区启动了"社区成长伙伴计划"，邀请理论专家、实践专家、社会专业团队、社区协调指导员等，为社区提供"一对一""多对一"的专业化、系统化、陪伴式指导，帮助社区诊断破解治理难题。其中，负责理论指导的专家团队由高校、研究机构人员组成，负责实际经验传授的实践专家团队由优秀社区书记、居委会主任组成，参与社

又见·朝阳
YOUJIAN·CHAOYANG

区项目策划、设计和实施的社会专业团队由专业社会组织组成。区级层面，从街乡抽调50名科级及以上干部组成社区协调指导员团队，负责相关事务的协调。

朝阳区用3年时间逐步推广"社区成长伙伴计划"。2019年选取了50个城乡样板社区实施，2020年扩展到100个社区，2021年在全区各个社区进行全面推广。不仅着眼于辖区内，朝阳区还放眼全国，将其他省市优秀社区"请进来"，共享社区治理经验。2021年，安贞街道安华里社区与全国70余个优秀社区、10余位治理专家建立了伙伴关系，同深圳北站社区、武汉东湖新城社区、贵阳观山湖区金元社区结成了跨区

安贞油菜花田（图片来源：安贞街道　史超齐摄）

域、紧密型、常态化的伙伴关系,通过搭建互信、互帮、互促的社区成长平台,集中社会各界特别是基层社区的智慧和力量,共商问题解决方法,共促社区结伴成长,构建起了一个跨省市探寻基层治理的特殊"朋友圈"。

"社区成长伙伴计划"有效促进了基层治理体系和治理能力现代化建设,为推进"接诉即办、未诉先办"、抓好"两个关键小事"、破解社区治理难题等发挥了积极作用。民政部公布的2021年度全国基层治理创新典型案例中,朝阳区"社区成长伙伴计划"入选,成为27个典型案例之一。

数智化治理

2005年,朝阳区作为首批数字化城市管理试点工作的10个城市(城区)之一,建设并开通了城市网格化管理平台建设,确定了"一个平台、两个中心、两支队伍、一个机制"的"1221"总体方案,采用城市单元网格管理法和城市部件管理法相结合的方式,由城市管理监督员对城市部件和事件实施信息采集、监督处理。

2010年,在对数字化城市管理平台不断进行扩展与深化的基础上,朝阳区在全国率先构建了全模式社会服务管理系统。全模式社会服务管理系统由专业化管理系统、监督指挥系统和社会协作系统三大系统构

成，包含应急管理、城市管理、综治维稳、安全生产、社会事业、社会保障、社会服务、经济动态、法律司法、党建工作10大模块，共有79个大类、439个小类、3452个细类，基本涵盖了社会服务管理领域各项工作内容。三大系统与独立于各部门之外的城市管理监督指挥中心构成了"卅"形治理结构，所有已纳入内容均按照信息报送、受理立案、任务派遣、任务处置、处置反馈、核查结案、监督评价等步骤进行管理，全程监督，全程评价，能够有效避免传统社会服务管理中部门沟通协调不畅的情况，构成了无缝隙社会服务管理工作机制。通过政府与社区、院校、企业、国内国际机构、市民等的合作，实现了责任主体多元化，形成了以全体社区居民和全体社会单位共同参与为基础的，政府主导、社会各方合作治理的新型管理模式。

2013年，朝阳区成为国家智慧城市建设试点，社会治理的信息化日渐凸显。2014年，"双井13社区"正式推出，这是双井街道相对于12个实体社区提出的一个虚拟社区，以"互联网+社会治理"为理念，从街道政务、社区动态、邻里趣闻、人文历史、商家福利等多角度进行信息推送，用生动的网络语言与老百姓"唠家常"。同时，街道辖区内哪里有垃圾需要清理，哪条街边的共享单车需要摆放，谁家在小区里安地锁……这些困扰老百姓的问题，只要发布到"随手拍",就会得到"双井街道城市治理管家"的答复,并在第一时间得到解决。虚拟社区凝聚了人心,汇聚了力量,成为社区居民参与街道治理的主要窗口。近年来,在建设"双井13社区"的基础上,双井街道还打造了"幸福双井社区卡"基层治理平台,构建了智慧平安小区管理体系,建设了自己的"数字大脑",不断深化数智赋能基层治理。

双井街道(图片来源:双井街道)

年丰物阜
锦绣繁华

"一纵"连通贯南北,人间烟火袅袅;
"一横"串联展活力,时尚潮流共生;
"一核"聚焦国际化,世界级高品质。
丰富多元的消费场景,持续优化的消费氛围,打造着提质升级的"朝"消费名片。

朝阳是一座"美食之城"。这里荟萃南北、交融东西，优质餐饮品牌众多，菜系丰富，热爱美食的消费者在朝阳能够满足味蕾、不虚此行。作为北京集聚国际要素最多的区域，朝阳区高档优质餐饮品牌高度集聚、国际美食消费活跃，舌尖上的"一带一路"国际美食嘉年华等活动形成示范效应。在各类美食指南评选中，朝阳区的多家餐厅都榜上有名。2024年黑珍珠餐厅指南中，朝阳区上榜餐厅25家，占北京市的比例为66%，居全市第一。此外，朝阳区拥有北京市六成的米其林餐厅。

朝阳是一座"茶香之城"。以北京朝阳国际茶香文化节为契机，朝阳区不断推动"茶+"文化的发展，提升茶文化消费品质、增强茶文化消费活力、引领茶文化消费升级。朝阳区聚集的茶馆、创新茶饮门店数量均位居北京市首位，国际化资源集聚为激发茶消费活力、深化茶文化交融互鉴、共品茶香茶韵、共享美好生活提供了更多可能性。

朝阳是一座"咖啡之城"。这里汇聚了全国上百个咖啡品牌，多个咖啡主题IP早已为市民所熟悉。以咖啡大宗贸易、批发零售、烘焙体验、跨境电商、咖啡大数据、咖啡文化、咖啡金融服务为核心的北京国际咖啡交易中心也落户朝阳区。朝阳区的大街小巷遍布着"咖啡+阅读""咖啡+艺术""咖啡+文化"等

又见·朝阳
YOUJIAN·CHAOYANG

多形态、多融合的咖啡馆，咖啡已成为嵌入城市空间肌理、融入市民日常生活、激发消费市场动能的重要生活元素。

朝阳是一座"时尚之城"。这里持续打造时尚文化新高地、时尚产业新基地、时尚消费新阵地、时尚生活新领地，通过创造更加多元的时尚消费场景，传播时尚理念、树立时尚品牌、激发时尚消费。近年来，"时尚朝阳"系列活动在园区街区、文博场馆、景区景点等相继举办；各类时尚艺术人才在这里聚集，"朝阳时尚峰会"构建了多元时尚消费场景，将时尚艺术融入市民生活；多个时尚高端品牌、前沿品牌、原创设计品牌在朝阳区首发新品。

在北京着力建设成为中国潮、国际范与烟火气共融共生的国际消费中心示范城市的背景下，朝阳区构建"一纵一横一核"消费空间布局，以行业发展带动产业结构升级、以业态提升打造城市消费名片。在纵向上，通过14号线商业带，从南向北贯穿合生汇、颐堤港、望京小街等6大商圈，促进地铁和沿线商业资源连接互动，推动文商旅等多种消费业态融合。在横向上，依托亮马河国际风情水岸，自西向东串联三里屯、燕莎、蓝色港湾三大商圈，以河道复兴带动城市更新，激发区域消费活力。另外，朝阳区通过"一核"——CBD千亿级商圈，打造贯穿全区的消费版图，进一步释放消费活力。

14号线商业带

地铁14号线是北京市轨道交通线网中一条连接东北、西南方向的"L"形骨干线,西起丰台区河西长辛店大灰厂东路,至朝阳公园,向东北穿过四环路后,进入酒仙桥地区,沿酒仙桥路向北,至万红西街转向西北进入望京地区,沿广顺南、北大街至来广营地区,整条地铁线贯穿合生汇、颐堤港、望京小街等6大商圈。近年来,朝阳区促进地铁和沿线商业资源连接互动,推动文商旅等多种消费业态融合。

合生汇/九龙山站

合生汇在地铁九龙山站附近,位于西大望路与广渠路交会处,由地下3层和地上6层组成,是集购物、餐饮、娱乐、休闲、儿童体验业态于一体的精致生活体验式购物中心,拥有近5000平方米超大共享空间和极具特色的室内主题网红街区,是消费者追求高品质生活、享受消费娱乐体验的优中之选。

朝阳合生汇是合生商业城市综合体产品线在北京落地的第一个项目,仅两年就实现了日均客流超过15万人次,孕育出了潮流文化街区IP"21区BLOCK"。烟火升腾,燃烧热情与活力;香气弥散,抚胃抚情抚

又见·朝阳
YOUJIAN·CHAOYANG

朝阳合生汇（图片来源：双井街道）

心。合生汇因美食众多而出名,"深夜食堂"项目孵化出的更具趣味性和生活气息的深夜市集,被誉为"京城网红宵夜觅食圣地"。"深夜食堂"开市时,消费者能够在多个夜间小剧场、VR竞技、直播、音乐现场等活跃消费氛围场景中尽情体验趣味生活方式。

合生汇还设有5000平方米新能源汽车展厅和"车电生活"店铺。这里吸引了全国头部新能源汽车品牌入驻,是北京市第一个新能源汽车展厅和全国商业综合体最全新能源"品牌+租赁+服务"一站式销售新场所。新能源汽车展厅集新能源汽车新车首发、展示体验、试乘试驾、互动娱乐、知识科普、宣传推广为一体，同时设有信息反馈、客户关怀等功能，消费者在这里可以有极佳的感官体验及情绪抒发。

颐堤港 / 将台站

颐堤港直通地铁将台站，位于丽都商圈核心，毗邻798艺术区。颐堤港是以零售为主导的综合商业项目，购物氛围时尚灵动，汇集众多国际品牌，融合时尚购物及各式美食，推动时尚、创意、艺术和商业的跨界，既是备受瞩目、引领北京潮流的风尚社交之地，也是购物达人、电影发烧友、美食爱好者及户外运动爱好者热捧的聚集地。

颐堤港通过多元的业态组合、优质的品牌引入和精彩的市场活动，不断提升对高质量目标客群的持续吸引力，不断推动商圈的发展进阶。精心打造的2400平方米冬季花园，动感的玻璃屋顶与幕墙让室内的温馨舒适环境与户外景观交汇融合，消费者可以在此慢享生活、感知自然、恣意畅想。2018年，颐堤港推出了"活生生活"品牌理念，专注打造都市品质生活方式，使其超越单一的商业零售功能，成为承载生活场景的社区商业空间。颐堤港还相继推出闺蜜节、咖啡青年节、后备箱市集、音乐节等活动，提出了"社交创艺始源地"概念，带来了更加年轻化多元化的场景体验和更新潮的艺术氛围。颐堤港拥有稳定且具有黏

又见·朝阳
YOUJIAN · CHAOYANG

颐堤港（图片来源：将台乡）

性的客户群、活跃的线上线下互动和独具风格的特质，不仅为消费者打造了高品质的社区生活圈，为社区带来了焕然一新的面貌，也为城市综合商业项目的未来发展打开了新视野，更为城市品质消费和休闲生活带来了活力。

望京小街/望京南站

望京小街距离地铁望京南站600米，地处大望京核心区，北连望京街，南通阜荣街，全长380米，融入了"望京之眼""凤舞游龙"等12处国际化景观打卡点。

望京小街（图片来源：望京街道）

　　望京小街是全国首个成功开展商业服务领域标准化建设的街区，昔日设施老旧、业态凌乱的传统街区，历经更新改造，摇身变为"国际化＋文化＋科技支撑"的时尚活力共享街区。通过宜居型城市公共空间的改造提升，引进了"柏林熊"雕塑等形象标志，设置了"望京之眼"和智能互动喷泉等科技景观。望京小街注

又见·朝阳
YOUJIAN·CHAOYANG

望京小街（图片来源：朝阳区融媒体中心　平易摄）

重满足两侧的商业业态互补需求，差异化地引进了大量新晋品牌和网红IP业态，街面德式风情商亭和商场一同形成集购物、休闲、餐饮、商务、文化体验等业态于一体的24小时特色活力商圈。

这里不仅有以"文化+阅读"为特色的公益小街书馆、国际文化活动发布平台和国际文化交流活动展示舞台，还首创艺术高校与特色商业空间的全场景融合模式，推进属地高校文化共建，举办线下平行作品展和青年设计沙龙，与驻地企业共同探索艺术基因社区的建设与运营模式。开街日、汉堡节、城市更新展、朝阳区上市企业敲钟等活动吸引了众多游客。随着大量新晋品牌和网红IP集聚，北京国际时装周、朝阳海外人才创业大会——国际创新周、看见德国等活动相继举办，创新创业要素进一步向望京集聚。望京小街汇聚国际市集、街区展览、艺术连廊、音乐互动喷泉等多个时尚潮流元素，已发展成为北京时尚消费、文化交流、商务休闲的新地标。

亮马河经济带

在"一横"方面，朝阳区发挥亮马河集文化味与烟火气为一体的特色，三里屯、蓝色港湾等商圈，将商业更新与城市更新相结合，激发区域消费活力。

三里屯商圈

三里屯商圈位于朝阳区西部，以太古里、三里屯SOHO及通盈中心为核心区域，是北京建设国际消费中心城市的核心商圈，也是全国的时尚潮流文化地标。首店、旗舰店争相落户这里，传递出国际品牌对北京市场的信心，也体现出三里屯商圈举足轻重的影响力。

近年来，三里屯商圈顺应智慧商圈、智慧商店发展趋势，积极推进信息技术建设，应用5G、物联网、大数据、人工智能、虚拟现实等新技术，推动线上线下融合，通过引导实体零售数字化、智能化改造和跨

三里屯商圈（图片来源：三里屯街道）

界融合，打造了一批服务精准、管理智能的智慧商店，更好地满足了数字时代消费者新需求。三里屯太古里依托现代科学技术开展数字化转型，推动零售行业升级，持续扩大消费体验场景，为消费者带来全新的消费体验。在运营管理方面，拥有完善的计算机房和监控室、智能楼宇自控系统、在线办公自动化系统等较为全面的智慧管理、服务系统；在消费体验方面，开通了会员中心小程序、社交账号等一系列智慧服务。

同时，引入虚拟世界活动、元宇宙虚拟人全球巡回秀等虚拟活动，为消费者开启全新数字体验互动。通盈中心商业元宇宙汇聚国内外优质商户，培育餐饮、零售等首店品牌，与三里屯大商圈发展相融，打造线上线下科技消费体验于一体的商业项目。新工体打造的工体元宇宙以数实融合消费体验为核心场景，以北京工人体育场为核心，通过数字手段实现元宇宙数字足球、元宇宙直播、元宇宙社交、元宇宙官方数字人等多项元宇宙服务和应用，成为以"数字和实体融合体验消费"为核心竞争力的特大型城市公园综合体。

蓝色港湾商圈

蓝色港湾位于朝阳公园路6号，紧邻朝阳公园及亮马河，是北京著名的购物中心、国家AAA级旅游景区。这里三面环水，风景优美，错落有致的欧式风格建筑组成了一个充满异国风情的商业小镇。作为北京最具特色的商圈之一，这里汇集了亮马食街、湖畔美食街、

蓝色港湾（图片来源：朝阳区融媒体中心　王嘉樾摄）

中央广场等消费体验区域，涵盖近500个购物、美食和娱乐品牌，成为城市一站式生活方式目的地。消费者可以带着家人参加各个时间点举办的活动，留下音像记录。沉浸式的光影步道包裹着消费体验区，反复变幻的色彩夹杂着星光点点，营造出梦幻般的独特氛围，各种角度都可以拍几张令人印象深刻的美图。在这里，水与岸、河流与商业、精神与情感、公共空间与需求体验相存相依、共生共荣，无论是想购物还是想娱乐休闲，每个人都可以在这里找到属于自己的生活方式与心灵回归。

蓝色港湾是朝阳区标志性商圈之一，在推动文商旅融合发展过程中发挥了重要作用。2023年，"在朝阳·遇见博物馆"之博物馆进商圈活动以丰富的展览、展演、市集等文博活动,打造出沉浸式、共享型、多元化的朝阳商圈文化空间,通过文商旅深度交汇,激发区域文旅消费活力,使消费者能够轻松有趣地与博物馆IP亲密接触,推动实现博物馆跨界破圈融合,让博物馆在商圈中"潮"起来,同时也为商圈聚拢人气,激发文化消费活力。

蓝色港湾商圈位于使馆区周边,是北京外籍人士的重要消费聚集区之一,这里不仅是朝阳区支付服务示范街区,也是全国首个入境消费友好型商圈,让更多境外宾客切实感受跨境消费的友好和便捷。蓝色港湾还汇集社会各方力量,积极深化友好型入境消费场景建设,通过加大移动支付宣传力度、完善移动支付双语标识和介绍、提供扫码消费优惠券包,完善商圈服务国际化,匹配更多外国友人的支付习惯,让更多外籍友人宾至如归、生活无碍,让他们也能切实感受到"五宜"朝阳带来的美好生活体验。

CBD 商圈

世界级商务中心、时尚中心的商圈是什么样子?CBD商圈用它的实践向人们展现出来。北京市有多个大型商圈,CBD商圈作为北京商圈建设的标杆,具有体量大、业态全、国际化、品质高、活力强等特点,

又见·朝阳
YOUJIAN·CHAOYANG

在北京市连续开展的商圈活力排名中均位居第一。

华贸区域

华贸区域经过10余年的运营,已成为世界级商务中心、时尚中心、文化艺术中心,是北京建设国际消费中心城市、千亿级国际化商圈的重要依托。该区域由国际化办公、商业、酒店、公寓等功能构成,拥有两座国际超五星级酒店、100余家中西特色餐饮,汇集

华贸区域(图片来源:八里庄街道)

了约 2000 个高端时尚品牌，涵盖了超过 90% 的全球一线品牌、80% 以上的海外品牌。入住酒店的商旅人士、在三栋写字楼的办公人员是商圈内部的高黏度客户；注重品质的消费者、多次前来的品牌追随者、慕名而来的打卡者是商圈外部吸纳的高黏度客户。

对于华北乃至全国的时尚达人而言，华贸区域是体验国际化生活方式不可或缺的场所，买手店、网红店，以及最新款、限量版商品等无限惊喜隐藏在这时尚地标商圈里。地处其中的 SKP 是北京品牌最全、规模最大的奢侈品商场，拥有众多国际一线品牌的旗舰店、专卖店以及买手店，凭借卓越的商品品质和精准的市场定位，销售额一直保持稳定增长，迄今为止，单店销售额、每平方米销售产出已高居全球第一，被多家媒体誉为"全球店王"。

华贸区域展现着美好、美食与美味。百余家有影响力的餐饮及严格的品牌选择标准，让华贸中心成为美食艺术中心。想吃好牛排的时候，这里的牛排馆有 90 天干式熟成的肉眼牛排，一口咬下，肉汁爆发，满嘴咸鲜，不仅能感受到安格斯牛肉特有的香气，还有浓郁猛烈的发酵熟成味儿——迷人的火腿、奶酪、坚果香气同时在口中绽放；公司的商务宴请或者重要的私人聚会，可以订在米其林餐厅；如果是一人食，可以去名店要一屉蟹黄包，一碟青菜，再美滋滋地配一

又见·朝阳
YOUJIAN·CHAOYANG

小盅鸡汤,这三件套真是美味又舒服。另外,连续三年入选黑珍珠餐厅指南的餐厅、享誉京城 10 余载的餐厅、包含淮扬和成都等特色风味的餐厅……都在这里。

华贸区域体现着包容。在这里,你可以买到限量版的奢侈品,也可以吃到几块钱的卷饼,区域内既有全球一线精品,又有街头个性表达。这里最大的中央广场面积达 5000 平方米,闲坐在中央广场的台阶上,透过广场中心店铺由黑白线条构成的建筑空间向外看,既有步履匆匆的商务人士,又有紧跟潮流风向标的时

华贸中心北广场(图片来源:朝阳区融媒体中心　崔杨摄)

华贸中心北广场（图片来源：八里庄街道）

尚icon，还有悠闲散步欣赏风景的人。人来人往，在繁华中感受城市的节奏和魅力，在这一方难得的"留白"里享受片刻休闲时光。华贸广场作为城市中的"留白"空间，注重人与建筑的和谐共生，是各业态之间的纽带，是展示前沿时尚、文化艺术的阵地，也是舒展都市心灵的港湾。

华贸区域体现着智慧。高科技的智慧交通控制系统用大数据对车流量进行精准分析，华贸中街西口的可变车道实现了路口车流智能化调控，在重要节假日客流高峰时期可以极大缓解拥堵。同时辖区单位共享停车资源，不同商业体之间地下停车场连通，区域内的电子警察、违停抓拍、黄网格抓拍等科技执法设备

又见·朝阳
YOUJIAN · CHAOYANG

不仅让商圈的交通变得更加"轻快",也让消费者的来去更加自如。

华贸区域体现着别致。"全球店王"SKP北侧华贸中街的"爱心红绿灯",不仅具有实际指挥交通的功效,而且以其创新的设计和传递的爱心理念,吸引了众多游客前来留影。在华贸中心北广场45°步行街,还上线了全国首个3D折叠大屏,播放的《丹凤朝阳》《爱上北京朝阳的理由》《我爱北京》视频吸引了众多游客打卡。

THE BOX 朝外

2022年,朝外大街启动了街区更新,打造了北京特色UIC——城市活力创新中心。作为该区域的首个商业空间,THE BOX 朝外以400年历史的琉璃牌楼为背景,涵盖艺术彩绘、数字装置、空中篮球、户外滑板等内容的国潮品牌综合体,通过生活效率化、科技场景化、消费娱乐化等综合性运营,呈现众多亮点空间,是朝阳区一座引人注目的时尚潮流聚集地。THE BOX 朝外是2023年中国城市更新优秀案例之十大现象级案例,吸引着众多年轻消费者。

THE BOX 朝外吸引消费者的秘诀是什么?答案是大面积策展。THE BOX 朝外不是简单的购物中心,更像是一个多功能的会客厅,是一个充满元气活力和朝气生机的秀场,是一个融合购物、社交和个性化展

THE BOX 朝外（图片来源：朝阳区融媒体中心　张慧娇摄）

示的空间。THE BOX 朝外主打"策展型零售"，以独特设计和灵活策展为特点，用艺术展的方式办商场，将 60% 可租赁面积用以引入固定店铺，其余 40% 的可租面积全部用于策展，商场中庭打通多层楼板，形成超大策展空间，所有商家都围绕零售商品进行配套的主题展览展示，通过大量能够填充商场空间并且不停轮换的潮流活动、时尚快闪活动，打造全感式消费体

又见·朝阳
YOUJIAN · CHAOYANG

THE BOX 朝外（图片来源：朝阳区委党校　贺明摄）

验，把"好逛"做到极致，让消费者每次都能找到新的乐趣。

　　THE BOX 朝外怎样才能满足年轻人求新求变、喜好不断更迭的现实需求？答案是高频次轮换。传统商业希望保证运营收入，希望租金稳定，租期一签就是5年、10年，但在 THE BOX 朝外，入驻商户几乎都是主理人品牌，突破传统标准化品牌模式，展示更迭多、快、准，更新周期短，商品多种多样又别具特色，充分彰显个性、体现风格。THE BOX 朝外这个年轻力汇聚中心具有独特的设计和地理位置的优越性，商业空间内呈现多家品牌首店、概念店，以及限量合作发售、艺术策展、潮玩展，为年轻人提供了一个365天都能产生不同感受的综合体。消费者不仅能购买到限定款T恤，还能参与各种活动，从宠物竞赛联谊到艺术论坛，每天都充满了不同的精彩，总引得无数年轻人慕名而来，他们拍照、打卡后分享到社交媒体，形成有效传播，吸引更多年轻人前来，为商场带来客流、知名度、关注度等长期收益。

THE BOX朝外怎样能够彰显精彩，凝聚粉丝热情？答案是培育个性社群。打篮球、养宠物、爱潮牌、玩游戏、户外拓展……年轻人有鲜明的个性标签，体现着他们对世界的关注、思考和个人的乐趣所在，形成了相互独立的个性社群。自带社群、自带私域流量是THE BOX朝外招商的一项重要标准。THE BOX朝外有一支市场团队，主要工作就是联系各个个性社群、活动方，尝试把不同内容导入商场，不断推出新花样的活动策划，如消融线上线下边界，北京第一家宠物超市、北京首家空中篮球场、扎堆的国潮品牌……THE BOX朝外将更多有同样兴趣点的年轻人聚集起来。同时，THE BOX朝外的空间设计具有高度的灵活性，能够容纳时髦的社团、社交活动，这个潮流聚集地成为社交与娱乐的理想场所，也吸引了街舞社群、

又见·朝阳
YOUJIAN·CHAOYANG

滑板社群、篮球社群、酷跑社群等在此"撒欢",凝聚了年轻粉丝的热情。

侨福芳草地

侨福芳草地位于朝阳区东大桥路西侧,是一座集绿色环保写字楼、时尚购物中心、艺术中心和精品酒店

侨福芳草地(图片来源:朝外街道)

于一身的创新建筑。这里致力于打造多元的商业及文化休闲综合体、营造艺术气息浓郁的沉浸式购物空间,前沿的环保设计、永续发展的理念和丰富多元的艺术氛围构成了侨福芳草地的独有特色,为每位到访者带来充满新意的独特体验。

　　侨福芳草地被誉为"最具艺术范的商业空间",商场内建筑结构天马行空。这里不仅是一个购物中心,还是一个艺术中心,更是文艺青年的打卡地,不断更新的艺术品让消费者尽情徜徉在艺术海洋。艺术品被放置在商场不同位置,给到访者一种前所未有的感官体验。消费者漫步商场,不经意间就会看到某个橱窗、某个转角、某个展示柜旁的艺术品,步步有风景、处处有美感。同时,这里的侨福当代美术馆展现着来自不同国家的艺术家的灵感呈现,这里的芳草地画廊主要展出国内及国际当代艺术家的作品……对生活品质有追求的消费者可以在侨福芳草地感受到商场的艺术气息和文化底蕴,沉浸在文化艺术氛围中,享受身心愉悦的购物、消费之旅。

3

汲古润今
以文兴城

一座城市,文化与传统是它的灵魂所在:
古玩摊、文创园、艺术馆主打一个舒适感,
看金鱼、听摇滚、品咖啡主打一个潮流范,
文化朝阳,以文化人,润物无声。

文化 & 传统

北京潘家园旧货市场

传统是一个城市的独特印记,那些流传至今的古老物件、古旧建筑是传统文化的物质载体。随着时光的流转,这些物件的主人已经消失在时间的洪流中,但是这些物件本身却携带时光的记忆,向世人诉说着过去的点滴光景。

潘家园旧货市场一隅(图片来源:北京潘家园国际民间文化发展有限公司)

在北京,谈起老物件就会想到潘家园旧货市场。潘家园旧货市场是全国人气最旺的古旧物品市场,作为老物件的聚集地,这里不仅吸引了热爱老物件的怀旧群体,也吸引了很多年轻群体来打卡拍照。市场内

又见·朝阳
YOUJIAN · CHAOYANG

商铺地摊全年 365 天开市,古旧书刊区每周末开市,周末开市日客流量达六七万人,其中外宾近万人。不同肤色、不同语言、不同阶层的游客在这里聚集。来到潘家园旧货市场,你可以看到、听到并体验到古今文化的各个方面,这里有全国品类最丰富的收藏品、民间工艺品、珠宝玉石,还有古玩、字画、旧书报、旧邮票、旧招贴画……

  潘家园旧货市场是藏品展示的窗口、藏家交流的平台、藏友淘宝的乐园。这里是全国最大的民间工艺品集散地,有衡水的鼻烟壶、杨柳青的年画、江苏的绣品、东阳的木雕、曲阳的石雕石刻、山东的皮影、江西的瓷器和水晶饰品、宜兴的紫砂壶、陕西的青铜器、云南的服饰、西藏的饰品、新疆的白玉、台湾的交趾陶等。不同民间特色的工艺品从全国各地汇聚到潘家园旧货市场,又从这里销往全国和世界。

  潘家园旧货市场之所以能够得到众人的喜爱,秘诀是紧跟时代发展潮流。20 世纪 80 年代中后期,北京潘家园旧货市场是北京众多文化市场之一,起初由百姓自发摆置零散地摊卖旧货,逐渐形成了市场雏形。2003 年以后,在政府的规范管理和引导发展下,潘家园旧货市场的发展逐渐加快,市场面积扩大,建成了近万平方米现代收藏品大厅和室外家具区,店铺也设计为仿古建筑的样子。2008 年北京奥运会之际,潘家园旧货市场建成了立体停车楼和平面停车场，引入了餐饮店铺，经营范围也随之扩大，包括地摊区、古建房区、古典家具区、现代收藏区、石雕石刻区、餐饮服务区为主的六大经营区。几十年间，潘家园旧货市场经历多次变身——从只出售古旧物品的集市华丽转身为包罗万象的特色文旅消费街区。

  但不论怎么变化，"淘"文化始终是潘家园旧货市场的独特属性。当时，传统文玩是人们来到潘家园"淘宝"的对象，邮票、铜钱、像章、语录、葫芦、核桃、手串、蜜蜡、绿松石、字画等物件应有尽有。如今，文玩和潮玩开始同场出现，这里成了年轻潮人们的聚集地。一位来潘家园旧货市场购物的"95后"游客说，起初他来潘家园旧货市场是看中了这里传统古建的风貌，特意穿汉服来拍照，现在来这里逛是爱上了淘换物件，每隔一段时间就想来这里淘淘自己心仪的宝贝。第一次来潘家园旧货市场逛街的"00后"游客由衷地感慨，潘家园旧货市场的"潮"让人意想不到，在这里竟然可以玩到汉服互动体验项目、密室逃脱、潮流玩具、文化夜市，还可以品味到创意美食……在文玩区域，最热闹的要数开"核桃盲盒"的摊位，里三层外三层的人们等着一睹开青皮核桃的刺激过程，看着摊主现开现刷，不管有没有开到完美品相的核桃，都着实让围观的游客过了一把眼瘾。

又见·朝阳
YOUJIAN·CHAOYANG

经过不断更新迭代，潘家园旧货市场已经逐步形成了集文化、旅游、餐饮、生活用品于一体融合发展的全新业态模式，市场内有商户3300余家，其中经营非物质文化遗产商品的商户近1300家，素有"流动的博物馆"的美称。2020年，潘家园旧货市场被正式纳入朝阳区特色文旅消费街区和朝阳区10条精品文化旅游线路之中。2024年春节期间，潘家园旧货市场举办了第十三届春节民俗文化节，舞龙舞狮、变脸等一系列丰富多彩的民俗文化活动，展现了国潮与民俗的完美融合，吸引了来自大江南北约20万人次的旅游消费。平日里，潘家园旧货市场还会举办多种非遗主题展会。2024年5月，北京潘家园旧货市场有限公司与孔夫子旧书网共同举办了主题为"旧书新知之东壁晒书"的古旧书博览会。此次展出的明清古籍不乏名家珍藏、稀世珍品。书友们流连于各个展位，欣赏饱经岁月的古籍文献，对一些平日难得一见的旧书珍品，不时地询问交谈几句。

高碑店民俗文化产业园

古色古香的建筑鳞次栉比，宽阔的沥青路平整而干净，徜徉其间仿佛穿梭于明清时代的江南水乡……这就是坐落在北京市朝阳区东部的高碑店乡高碑店村，这里有一个闻名遐迩的文化产业园区。

高碑店夜景（图片来源：朝阳区融媒体中心　张正晔摄）

　　高碑店村是个千年古村。辽金时代，这里是一个漕运码头、皇粮商品的集散地。2002年高碑店村确立了大力培育发展古典家具一条街的新思路、新模式。说是古家具一条街，但其实这条街上的家具店铺基本涵盖了所有风格，有几家店铺还是专业家具买手、收藏爱好者的聚集地。走进这条街，仿佛走进了古代家具博物馆，每家店各有特色。有的店，一进门就能闻到空气中飘散着的缕缕木香，木制条案上的花瓶里插着几枝枯木，看似随意却有中式之美，展现着传统文化的底蕴。

　　基于国家文创实验区核心区的区位优势和大运河

又见·朝阳
YOUJIAN · CHAOYANG

文化的资源优势，除了古典家具，高碑店村还有影视制作、文化传媒、手工艺品等诸多文化产业，很多高端的艺术文化机构进驻于此，全长800米的文化新大街上建造了多个博物馆，形成了以中国书画艺术为主导，集教研、交流、创作、展示于一体的文化创意产业园。这里既是国粹艺术和非物质文化遗产的保护基地，也是青少年传统文化的教育基地。

据清代《日下旧闻考》中记载："通州至京城，中

高跷博物馆（图片来源：朝阳区委党校　贺明摄）

科举匾额博物馆 （图片来源：朝阳区委党校　贺明摄）

有高米店，辽以城村。"这里的高米店就是高碑店的旧称。从那时起，高碑店就产生了流传至今的"二闸的狮子，高碑店的跷"古语，可以说高跷老会是高碑店的传统技艺。村民脚上踩着高跷，身着华美服饰，再涂抹上五彩的妆容，文武兼备，动静协调，走起会来文丑武斗，妙趣横生。如今，高跷老会还走出了国门，走进了国际视野中。为了将这个传统保留下来，高碑店村特意修建一座高跷博物馆，让民俗节目真正有了物质载体。

古时候的科举考试是什么样子呢？如果对这方面有着浓厚的好奇心，那么来高碑店的科举匾额博物馆

又见·朝阳
YOUJIAN·CHAOYANG

会是最佳选择。这个博物馆以科举匾额为主题,层次鲜明、具体生动地展现了科举制度,一方方匾额串联起来,就是一部国史、地方史和家史。在这座3000平方米的仿古两进四合院里,收藏了1000余件的科举文物。其中,石刻科举匾额有近50方,数量位居全国领先地位。

黑庄户金鱼之乡

位于北京东南郊的黑庄户地区,因其地势低洼,地下水源丰富,水质呈弱碱性,特别适合饲养金鱼。

小鲁店村内古香古色的鱼缸(图片来源:黑庄户乡)

"鱼·礼"系列文创产品之一（图片来源：黑庄户乡）

这里是北京古代宫廷金鱼的发祥地之一，早在清末，黑庄户地区就有人饲养金鱼并供奉朝廷，这里的宫廷金鱼文化已经沉淀了200年之久。对老北京人来说，养金鱼既是一种文化产业，又是一种生活情趣。以前四合院里的人家听到卖金鱼的吆喝声马上会端个盆、拿个碗出来买金鱼。老北京人尤为重视那一缸金鱼，对于他们来说，金鱼能给主人带来好运，预示着家里"金玉满堂"。

近年来，黑庄户地区大力挖掘金鱼文化产业，利用自身优势，结合国内外对观赏鱼需求上升的趋势，利用人工杂交技术成功选育了皇冠珍珠、紫身红头、朱顶黑罗袍、顶冠凤尾等金鱼珍稀品，抢救了紫身红

又见·朝阳
YOUJIAN · CHAOYANG

绒球、蛋种绒球、玉兔等多个濒临绝代的金鱼品种。在日常养殖、售卖的基础上,吸引更多的金鱼爱好者参与其中,连续多届成功举办了北京市金鱼、锦鲤大赛暨鉴赏会,推动观赏鱼"游入"都市、社区和普通市民家中,打造了华北地区最重要的观赏鱼产销基地,推动了观赏鱼行业化经营。同时,黑庄户地区通过文创产品开发、品牌宣传塑造等渠道,逐步提升了知名度。设计推出的"鱼·礼"系列文创产品已作为"朝阳礼物"将传统文化 IP 符号嵌入精致的文创产品当中。

2023 年,北京黑庄户水族展暨第一届"黑庄户杯"金鱼大赛颁奖典礼在北京音乐产业园 45 号厅举行,颁奖典礼结束后,不少前来观赏的观众围在"状元"跟前,一边拍照留念,一边热烈讨论着。不同于大多数人对于金鱼或者观赏鱼色彩艳丽的传统印象,这次的"状元"体色乌黑如墨,似乎单凭外观很难看出有何特别之处。然而,冠军金鱼的秘密就藏在这个"黑色"之中。冠军金鱼的品种是墨龙睛,这个品种培育起来难度非常大。一方面,它要符合龙睛的观赏特点,两只眼睛要大小对称,而且在二龄或三龄的时候头瘤要能耸立起来;另一方面,金鱼在保持头瘤高耸的同时,还要保持颜色墨黑,不能褪去,可以说是难上加难。在整个过程中,从选种、培育、产卵、孵化,再到幼苗的护理都需要精细的技术,凝聚着几代人的心血。

北京黑庄户水族展暨第一届"黑庄户杯"金鱼大赛上获得冠军的金鱼(图片来源:黑庄户乡)

如今,作为落实乡村振兴战略的特色产业,黑庄户地区通过打造集观赏鱼养殖技术示范、休闲旅游、拍卖展览为一体的多功能园区,将良种服务、技术服务和销售服务贯通,推动观赏鱼饲料、水族器材等同步发展,用观赏鱼行业化运营带动农民增收致富,使金鱼成为"金名片"。此外,随着北京音乐产业园的不断壮大,金鱼产业与音乐产业、特色农业的融合发展,黑庄户地区将不断朝着更美、更响的"鱼""乐"之乡目标前行。

提升改造后的鲁店渔场北区（图片来源：黑庄户乡）

文化 & 艺术

首创·郎园 Station

"各位旅客朋友们，前方到站的是首创·郎园 Station……"当这段声音响起的时候，似乎让你觉得来到了北京的某座地铁站或是火车站。然而，这不是一座车站，而是位于北京朝阳区将府公园附近的一座文创园区。

在这里，中央车站的设计是整个园区的亮点，园区的名字首创·郎园 Station 便来源于此。这座由"时空隧道"设计方案优化而来的车站，如今已然成为

首创·郎园 Station 西门保留下来的铁轨与站台（图片来源：首创·郎园 Station）

北京市朝阳区最热的网红打卡地之一。首创·郎园 Station 常年举办各类文化活动，大力发展文化消费，集文化科技融合的创新地、优质文化企业的集聚地、市民文化消费的打卡地于一身。每年这里都有 300 余场多元、有趣的活动。每到夜幕降临或是节假日之际，首创·郎园 Station 都会吸引无数热爱文创、热爱时尚潮流的年轻人来此憩息。

　　新产品、新场景、新业态的风格在首创·郎园 Station 随处可见，50 年前的旧仓库，已然转变为新型文化企业的驻地。X 美术馆由一座红砖老仓库改造而成，建筑四周无窗，天光从 10 余米高的玻璃屋面洒入

周末、节假日市民在首创·郎园 Station 休闲游玩（图片来源：首创·郎园 Station）

室内，犹如一条峡谷，给游客带来一种置身户外的观展感受，让人耳目一新。

最近几年，国潮、国风等汉服文化受到了年轻群体的喜爱，地铁上、大街上、古建旁多了不少穿着传统服饰的"小哥哥""小姐姐"。在首创·郎园 Station，爱好古风的朋友们也可以找到属于自己的那份归属感。呦呦商店汇集 30 个以上的东方美学手艺人的原创品牌，国潮、国风好物近千件，这些物件既有服装配饰、地道风物，又有非遗技艺、香薰瓷器、茶饮焚香等，传统而又时髦，小众而又接地气，定期举办新中式国风市集，时刻欢迎志同道合的年轻群体来首创·郎园 Station，在东方美学里唤起刻在骨子里的中式浪漫。

首创·郎园 Station 不仅文艺范儿十足，其运动感

首创·郎园 Station 里的艺术装置（图片来源：首创·郎园 Station）

也倍受人们关注。这里的 Hidive 潜水是潜水池天花板，水深达 16 米，是目前北京最深、规模最大的潜水池，不仅给游客提供自由潜水空间，还提供潜水培训、潜水赛事、水下影视拍摄等多方面服务。在这里，游客可以化身美人鱼，享受深水世界的缤纷浪漫。

由于首创·郎园 Station 毗邻将府公园，使这座文创园区似乎藏在树木青葱、绿草茵茵、鲜花盛开的城市"森林秘境"之中，有人便将首创·郎园 Station 比作一座绿洲。受益于园区周围良好的生态环境及园区内大量的多样化企业，首创·郎园 Station 的消费活力持续上升。一杯咖啡、一杯饮品，让古老的园区重新有了温度。从一座保安亭到一家咖啡小店，创业者感受到了园区对追逐梦想者的呵护。对于初到园区的创业者，园区不仅帮忙推荐装修设计师，而且帮忙做品

又见·朝阳
YOUJIAN·CHAOYANG

牌宣传，助推一家家企业从无到有、从小到大、由弱变强，使这里成为创业者的福地。

在产业特色打造上，首创·郎园 Station 重点布局数字影视产业，园区内拥有亚洲数一数二的杜比 Vision 格式调色棚和杜比白金认证音频终混棚。目前，其所在片区已经成为拥有影视全产业链，尤以视效后期制作为龙头的数字影视产业基地，项目所在片区占全国院线电影后期制作近 60% 的市场份额。有了影视产业的支撑，丰富的文娱活动得以更加蓬勃发展。来到首创·郎园 Station，人们可以穿上白色礼服参加露台晚宴，可以在逛图书市集时跟知名作家、编辑面对面，可以参观戛纳 VR 交互式影展，可以享受露营、书香生活……

2024 年的北京国际电影节，"M+ 应力场"活动把很多人的目光吸引到了首创·郎园 Station。在"M+ 应力场"影视跨界市集中，电影的抽象元素转化为现实世界的感性存在，以更轻松、低门槛的方式，让普通大众参与北京国际电影节互动狂欢。普通观众不仅能将自己融入到电影之中，亲身体验到电影在现实世界内的延伸，而且能够体验一站式服务。策划者希望能够通过融入生活的方式，把一些精品的影视元素永远留存。游客在这里可以喝到根据电影元素设计出来的电影联名款《三大队》咖啡，《北京爱情故事》、《误杀》系列、《唐人街探案》的鸡尾酒。在影院之外，电

工作日里的首创·郎园 Station（图片来源：首创·郎园 Station）

影还应该怎么跨界、怎么玩儿？"M+ 应力场"影视跨界市集示范了多种创意玩法。在影视市集现场，年轻

又见·朝阳
YOUJIAN·CHAOYANG

人成群结伴，在 BOM 嘻番里"情绪便利店"展区，跟随 NPC 探长一起破解"情绪原料仓库"失窃之谜；在中国电影资料馆影资文创展区，游客不仅能够看到 1927 年经典老电影《盘丝洞》4K 修复影片，还能体验到根据影片二次创作的"七情蜘蛛精"互动装置；此外，《三体》《终极笔记》《紫川》等知名影视剧的周边产品，都可以通过"超时空基地"集章寻宝获得，时间信箱、以物易物、道具展等应有尽有；在一家名为"电影频道·六公主有礼"的摊位前，很多人排队等候，争相与电影频道零距离接触。

随着文化市集不断推陈出新，影娱融合的方式，让观众不仅充分融入到虚拟世界中，而且能够亲身体验到电影与跨界万物的联动。沉浸式角色扮演、潮流文化、AR 游戏、兴趣社交、影人对话，互动游戏不仅科技感十足，而且文化氛围浓厚。首创·郎园 Station 已然成为北京地区集影视产业、文化消费、文旅融合、艺术休闲于一体，文化活动频发、文化事件层出不穷的国际潮流文化社区。2023 年，首创·郎园 Station 成功入选北京市级文化产业示范园区。

铜牛电影产业园

北京铜牛集团有限公司的前身是始建于 1952 年的北京市人民针织厂，"铜牛"品牌溯源于颐和园昆明湖畔的镇水铜牛。提起"铜牛"，人们大多想到的可能是纯棉舒适的服装，这家老牌的服装制造厂从新中国成立之初就为北京乃至全国输送衣物服饰原材料。1997年，铜牛集团发展成为集针织梭织服装研发制造、品牌贸易、现代服务业于一体的综合性企业集团。为响应北京产业转型升级要求，2015年前后，铜牛集团正式启动改革，对集团名下所属的十几家针织企业进行重组转型升级，打造了占地30亩、总建筑面积2.5万平方米的铜牛电影产业园，从曾经"一针一针"生产服饰用品的企业，转型为"一帧一帧"生产电影视觉艺术产品的高端时尚文创园区。当你漫步于铜牛电影产业园内，可以领略到铜牛老厂房的工业遗迹，遥想着那个青春奋斗的年代。在铜牛电影艺术空间外，铜牛品牌集合展将带领前来观影的大众一同走进老字号铜牛，现场通过品牌记忆、科技系列等多个主题展览，展现了铜牛作为"北京老字号""中华老字号"不断推陈出新的过程。

铜牛集团仿效好莱坞影视制作基地，开创了一条具有行业全产业链的新型园区。以"一站式"服务为原始支点，以全产业链电影产业集群为发展目标，通过创建新的电影产业核心区，打造国内最专业的电影产业园。在招商引资、管理运营方面，铜牛集团始终坚持影视文化相关企业优先入园的标准，确保了园区业态的良性可持续发展。目前，园区内不仅有众多国

又见·朝阳
YOUJIAN · CHAOYANG

内外知名影视企业,而且许多影视明星工作室也集聚在此地,这些企业的入驻助力了铜牛产业园的发展壮大,以深耕细作的专业化运作方式朝着纵深发展。

铜牛电影产业园内的翻布机（图片来源：朝阳区委党校　贺明摄）

铜牛电影产业园一隅（图片来源：朝阳区委党校　贺明摄）

园区内 40 多家入驻企业涵盖电影生产的诸多环节，在增强企业整合外部资源能力的同时，还创造积累了

又见·朝阳
YOUJIAN·CHAOYANG

自己的内部资源。他们无需东奔西走，就可以丰富上下游资源，大家抱团取暖，更容易向"微笑"曲线的两端升级。目前，园区内能够实现从前期策划、剧本孵化、导演、影视投资、演艺经纪、影视器材租赁、后期宣发、海报制作、院线等的电影全产业链开发，无须走出园区便可以完成一部电影的制作。

唱响主旋律、弘扬正能量是铜牛电影产业园区始终坚持的理念。主旋律电影以巨大的精神感召力、蕴含社会主流价值观的故事和制作精良的影视效果深深打动着观众，以潜移默化的方式影响观众的价值观，更能引领时代之风气。2018年开始，铜牛电影产业园切实发挥园区平台作用，先后发起了主旋律电影产业联盟、明星义工分会、"星星相连"文化援疆等一系列公益活动。

2024年北京国际电影节期间，铜牛电影产业园内的铜牛电影嘉年华活动是最具红色文化氛围的场景，演绎出了红色与时尚的完美融合。在铜牛电影艺术空间开展的为期11天的公益电影展映活动，让社区百姓和院校学生能够在这里免费观看《我的父亲焦裕禄》《万里归途》《长空之王》等多部主旋律影片，不仅丰富了周围群众的精神文化生活，而且以喜闻乐见的方式融入爱国主义教育，为培育新时代家国情怀、民族情怀作出了贡献。

798 艺术区（图片来源：北京 798-751 园区）

文化 & 时尚

北京 798-751 艺术区

北京 798-751 艺术区的前身是一家于 1952 年筹建的华北无线电器材联合厂，于 1964 年 4 月拆成多个厂，包括 798 厂和 751 厂。从地理位置上看，751 园区和 798 园区仅有一街之隔，经常会被认为是一个园区，但在很长一段时间这是两个独立园区，分别为 798 艺术区和 751D·PARK，它们各具特色且功能定位不尽相同。2024 年 6 月，这两个园区整合优质资源，实现合并运营，成为国内规模最大的艺术创意产业集群。

从整体上看，798 艺术区的形成可分三个过程。

一是初始集聚阶段（20世纪90年代末至2005年），这个阶段与中央美术学院校址的搬迁有密切关联。1995年前后，中央美术学院从王府井校区迁出，但直到2001年前后才正式入驻望京花家地附近的新校区。在这期间，中央美术学院需要设计和制作大型雕塑，一些教授在这里租用场地进行创作，从此开启了798艺术区的艺术之旅。

二是积累沉淀阶段（2006年至2020年），这一时期是798艺术区正式确立并发展的阶段。798厂区成为艺术家的集聚地之后，一些艺术名人在这里崭露头角，更多艺术家与艺术机构开始大规模租用改造闲置厂房，开启了798厂区的"换新之路"。2008年开始，798厂区示范引导效应逐步显现，泛798艺术区的规模显著提升。在发展过程中，798艺术区不断进行产业结构升级改造，在政府和市场的双重驱动下，艺术区内不再是单一的文化产品，几乎囊括了所有文化艺术门类，如绘画、雕塑、装置、设计、音乐、戏剧、话剧等。更多设计公司、工作室、个性化创意企业（诸如艺术咖啡厅、酒吧和创意店铺）在这里汇聚。

三是主动谋划阶段（2021年至今），798艺术区从电子制造工厂逐步转型为多种文化业态融合、世界规模最大文化艺术产业集聚区，先后入选3个国家级项目——国家级文化产业示范园区创建资格、首批国家

"两极椭圆：情动的粒子及玄秘的流溢"展览在798艺术区展出，以"跨物质"概念，提供了理解物质与能量的边界，艺术与哲学的融合（图片来源：北京798-751园区）

级夜间文旅消费集聚区、国家工业旅游示范基地，先后获评北京市文化创意产业园区、北京市文化产业示范园区、北京市多元文化旅游体验基地、北京市网红打卡地、北京市工业旅游示范点等称号。

  作为很多新生画廊和年轻艺术家梦想的起点，798艺术区集结了大、中、小型画廊和艺术机构，新艺术空间和众多大型艺术机构在同一区域形成了共生发展模式，吸引了众多艺术爱好者，促进了国际、国内多

又见·朝阳
YOUJIAN·CHAOYANG

层次的艺术交流。同时,798艺术区探索"产业链+创新链"融合新模式,在互联网时代的浪潮中,使艺术品线上交易更加顺畅、活跃。

从品牌焕新、景观优化、基础设施和服务品质四个维度,798艺术区针对近百个大项、千余个点位进行了全面升级,让游客耳目一新的同时还不断拓展"艺术+"业务版图,实现"艺术+科技""艺术+戏剧""艺术+音乐""艺术+时尚"的跨界联合。先后创立的"艺术+科技"中心"798CUBE"、专业艺术行业推广平台"画廊周北京"、艺术跨界共创品牌"798&"等品牌文化项目,实现了艺术与科技、音乐、时尚等多领域联合,不断注入新鲜活力。同时,这里也在元宇宙、混合现实(XR)技术、潮流IP等领域

798艺术区(图片来源:北京798-751园区)

积极探索，助力北京冬奥、中关村论坛；参与服贸会、深圳文博会等大型活动。798文创雪糕活化工业遗产，再现了1954年的包豪斯厂房建筑，强化了798艺术区作为全国文化地标的艺术属性；一年一度的艺术节吸引了大量游客，通过夜游美术馆、潮流市集，以及露天电影、音乐会、脱口秀演出、沉浸式戏剧等亲民形式的休闲文化活动，形成了集逛、赏、玩、游、购于一体的夜间文旅消费生态。

751D·PARK可分为室内、室外两个部分。751D·PARK室内园区是举办文创活动的最佳场所。A19栋传导空间是一座以用户需求为主导，集合了生活方式、音乐科技智能体验的工业风特色场地。751D·PARK动力广场南侧的传导空间，保留了原来用于煤气生产的机械化澄清槽，保护的同时并开辟了新的活动空间。如今的传导空间共有3层，3700平方米的总面积内设备齐全，能够举办发布会、展览展示、公司交流会、演唱会、LIVE及各类公共活动。

751D·PARK的室外部分是拍照、打卡的好去处。火车街区由煤池子改造而成，火车头广场内完整保留了20世纪70年代初由唐山机车制造厂制造的蒸汽火车头，远远望去，具有浓厚的工业文明历史氛围，是设计师、摄影爱好者、国内外游客的最佳取景地。篮球场位于751D·PARK十字消费街区的核心区位，由

751D·PARK（图片来源：朝阳区融媒体中心　王嘉樾摄）

于保留了 20 世纪工业老厂房的吊机，篮球场被衬托得更具工业风。动力广场四周保留着原 751 厂区生产煤气的机械设备，包括 1 台裂解炉、1 台冷却器、6 台间冷器还有纵横交错的管道和高耸的烟囱，地面采用防腐木铺设，场地开阔并留存了大量煤气生产工业设施，彰显了后工业时代的文艺气息。

每年超过 500 场活动在 751D·PARK 精彩呈现，中国国际时装周等众多知名活动均曾在这里举办。近年来，751D·PARK 还将目光聚焦在举办跨界活动上。2024 年 5 月，"宋韵雅集"751 汉文化节在园区举办，邀请非物质文化遗产项目走进 751D·PARK，展示传统文化的魅力，让传统技艺在现代焕发新生。在文化节的"雀尔司"派对中,表演者身穿汉服,汪满田鱼灯穿梭于表演者之间,仿佛开启了一场穿越千年的文化之旅。同时,宋朝四雅工作坊展示和传承中国的传统文化和手工技艺,涵盖绒花、国画、古琴、香道、插花、锡器、茶艺,让游客大饱眼福。游客在这里不仅可以看到巡游表演,还能购买到汪满田鱼灯等非遗工艺文创产品,传统艺术与现代美学的结合,促进了非遗文化的活态传承与创新发展。

莱锦文化创意产业园

北京工业史上曾有"一黑一白"之说。"一黑"指的是首钢工业区,而"一白"指的就是西到慈云寺桥东至十里堡的"纺织城",这其中有一个著名的京棉二厂,也就是现在的莱锦文化创意产业园——首批北京市文化创意产业园区。由于产业结构调整,京棉二厂经过发展、转型、重组等一系列过程,最后蜕变成现在的模样。从纺织工厂到文化创意产业园区,京棉二厂旧址的环境、面貌和所发挥的功能都有了深刻的变化。如今,莱锦文创园作为转型的工业遗存,再度引起了人们的关注。其外观设计以现代典雅、复古美感的工业风格为主,既延续了老厂区的建筑风格,又见证了朝阳区的发展变迁。徜徉于其中,不仅可以感受到工业遗迹的风貌,更可体验到科技与文化相结合迸发出的光彩。

莱锦文化创意产业园(图片来源:朝阳区委党校 贺明摄)

当你来到莱锦文化创意产业园,可以看到不同区域的建筑风格特色。园区可分为三大部分:A区是配套服务区,集商务、餐饮、休闲、生活于一体,满足园区客户及周边社区群众的生活需求。B区建筑特色最为明显,它保留了我国自主设计的标志性建筑,是创意服务中心区。C区和D区是文化企业工作室,无论是"头脑风暴"还是制作创意产品,在这里都可以让各个企业便捷地开展创意工作。

莱锦文化创意产业园主攻传媒产业方向,不仅是孕育优秀影视作品的场所,而且推动建立了高质量的文化产业集群，入驻的文化企业多达百余家。如果你平时喜欢看电视，那么一定不会对《典籍里的中国》《故事里的中国》等影视节目感到陌生，这些节目作品都由莱锦文创园内的企业所制作。

除了传媒产业，莱锦文创园还致力于建设科技与文化相融合的文创园区。2024年5月，莱锦文创园·方寸数字艺术馆正式开展，艺术馆以"科技为先，艺术为源，文化为本"为发展目标，致力于打造以"沉浸式体验、互动式感受、数字化视觉艺术"为核心的数字艺术体验消费场景，将科技美学与文化艺术完美融合。开馆当天，一场名为"以爱之名——从《流浪者之歌》到《小王子》十周年纪念之旅"的展览同步开启。由于高科技的加入，观众们在体验展区可以享受到20分钟左右的沉浸式光影绘本体验。光与影的明暗变化，笔触与色彩的梦幻结合，经典的故事场景真实地展现在观众的眼前。感官的体验不仅带给观众快乐与享受，而且也给予都市群体心灵的安慰，20分钟的体验足以让大家抛却日常的小烦恼，沉浸在绘本的经典情境中，开启心中的无限想象，感受绘本中的点点"小确幸"。

汇聚合力
创新发展

这里是人才创新创业的"练兵场",
这里是中外民间交流的"大秀场",
这里是体验潮流科技的"新天地",
这里是北京朝阳!

国际"朝"商务

来朝阳,你可以打卡高楼耸立的 CBD!这里有国贸、华贸、环球三大金融中心,还有近 100% 的外国驻华使馆、全市 90% 的国际传媒机构、80% 的国际组织和国际商会、70% 以上的国际投资性公司和地区总部、65% 以上的外资金融机构、50% 的外籍人员,是北京市对外交往的重要窗口。

广阔平台

北京 CBD 作为"两区"建设的重要承载地,是首都对外开放的前沿阵地和国际交往的重要窗口。连续举办了 24 届的北京 CBD 国际商务季,已经成为中国与国际交往的重要平台。北京 CBD 论坛始于 2000 年 8 月举办的首届北京朝阳国际商务节,首次推出了"北京 CBD"的概念,被评为 2000 年北京十件经贸大事之一。第二届商务季推出了北京 CBD 规划,此后每一届商务季都精彩纷呈,先后提出了"国际金融服务""激发北京 CBD 发展原动力,奠定国际金融服务新格局"等发展理念,不断推动北京 CBD 进入建设和发展的新阶段。

北京 CBD 论坛把不同民族、不同肤色、不同语言的人们会聚到一起,让各国朋友有地方可以去,有

又见·朝阳
YOUJIAN·CHAOYANG

东西可以看，有朋友可以交，有广泛的话题可以分享。2024年北京CBD论坛以"对话世界 共谋发展"为主题，全方位展示了朝阳区发展成就与经验，并在绿色发展、新质生产力等方面进行了全球化探索，聚焦商务、金融、文化、消费四大板块，为知名国际金融机构、组织提供全球视野的交流合作平台。本届论坛首次举办了北京CBD跨国公司大会，促进政府与企业、企业与企业之间的深度交流与合作，共享北京CBD发展机遇。

对于区域发展来说，人才至关重要。"凤凰计划"、国际人才创业大会、"国际人才一站式服务平台"等一系列政策举措吸引着越来越多的高层次人才来朝阳区发展。2009年开始，朝阳区开始实施"凤凰计划"，依托北京CBD、电子城、奥运三大功能区，温榆河、垡头、定福庄三大储备区及金盏金融服务园区等重点区域，有针对性地为朝阳区重点发展的产业和领域聚集了一批具备较高专业素养和丰富海外工作经验、掌握先进科学技术、熟悉国际市场运作、能够发展高新产业带动新兴学科的科技创新人才和产业领军人才。近年来，根据"两区"建设和数字经济示范区建设需要，"凤凰计划"新增了数字经济领域高层次人才。为了服务好"凤凰计划"人才，朝阳区构建以"凤凰人才卡"为载体，涵盖医疗、出行、住房等8类服务的保障体系，实现人才服务"一卡通办"。朝阳区还推出国际人才一站式服务平台，集成了18个部门70项人才服务事项，拥有了线上双语服务系统，实现了国际人才服务"一窗办""就近办""掌上办"。作为朝阳区国际人才一站式服务平台首批8个线下站点之一，也是北京自贸区首个国际人才一站式服务平台的北京CBD国际人才一站式服务中心，在全市率先实现外国人（A+B+C类）工作许可和居留许可的"一窗受理、两证联办"，办理时限由17个工作日压缩至5个工作日，为国际人才提供了更高效便捷的服务。

朝阳区不仅努力成为人才的"聚宝盆"，同时也竭力打造人才的"练兵场"。截至2024年5月，朝阳区已连续举办了12届朝阳国际人才创业大会（ITEC），设置了国内与海外两个赛区，累计吸引全球5万余名创业者、1万多个创业项目参与，推动900多个项目落地北京，670个项目落户朝阳。第十二届朝阳国际人才创业大会主题为"汇聚全球人才·创领朝阳未来"，全球创业赛围绕主导产业设置"3+X"综合赛道，针对特色产业和重点高校，设置前沿技术专场，加大对细分产业方向关键核心技术支持力度，围绕打造"双招双引"朝阳品牌，搭建了大会海外官方社交媒体平台，联合中国香港、新加坡国际科创会客厅等境外联络站，不断加大海外引才力度。

又见·朝阳
YOUJIAN·CHAOYANG

此外，朝阳区还重点实施"最美科技工作者""科学家会客厅""文化带头人""青年人才会客厅""朝阳工匠"等人才工程，举办"海归创业者培训班""青年精英见习计划""朝阳凤凰讲堂"等系列活动，成立北京商务中心区商会青年国际人才联盟，促进国际人才集聚，为各领域、各发展阶段人才提供跟进式、针对性培养支持。面向拔尖创新人才支持实施拔尖创新人才培养项目，在专项资金、师资团队、科研资源、实践平台等方面加强支持，持续发现和培养具有高成长潜质的"未来科学家"。

优质服务

朝阳区是北京市首批服务业扩大开放综合试点示范区之一。纳入中国（北京）自由贸易试验区国际商务服务片区后，朝阳区发挥政策叠加优势，完善全球招商体系、强化项目跟踪服务，打造招商引资"强磁场"。在北京CBD的铜牛国际大厦内，约400平方米的一处办公场所，挂了多个机构的牌子，这里是北京市首个集招商服务和政务服务于一体的中国（北京）自由贸易试验区国际商务服务片区北京商务中心区招商服务中心。

酒香也怕巷子深，朝阳区广泛建立招商联络站，从上海分站到新加坡、中国香港分站，再到广州、深圳分站，继而到中东的迪拜、欧洲的德国，北京CBD

全球招商的国际步伐不断加速迈进。招商联络站如同北京CBD外派的"管家",为国外企业详细介绍北京CBD的优势、政策和发展方向,定向邀约企业来京考察,让外国企业了解中国市场、了解朝阳区政策与营商环境。北京CBD全球招商联络站香港分站首创了京港双注册机制,通过多场线上线下招商推介、科技创新论坛等活动,辐射全球市场,吸引多个国家的创新型组织、跨国公司、金融机构关注北京CBD发展,助力CBD企业打开港澳市场。企业落户后,北京CBD为企业提供了政策解读、资源嫁接、人才服务等支持,助力企业更快适应本土环境。

企业留不留得住,还取决于服务够不够优质。近年来,朝阳区实施"总部成长计划""总部倍增计划",针对北京市、朝阳区"服务包"名单中的总部企业,推行"管家式"总部企业服务,做好总部政策宣传、实施和评估,指导协助并全程辅导企业准备认定材料。主动"做管家",送上"金服务",让越来越多外国企业落户朝阳区,将先进科学技术及产品引入中国,以创新为核心建立从研发到生产销售的完整产业链,助力朝阳区高质量发展。

为便利外资外贸企业发展,2022年,北京CBD管委会与北京朝阳海关联合打造了北京市首个B&R·RCEP创新服务中心。在京津冀协同发展的大

背景下，作为服务京津冀协同发展的创新举措，2023年，北京CBD-天津港京津协同港口服务中心在北京CBD招商服务中心成立，将天津港的港口服务前置到朝阳区、深入到CBD，让企业享受天津港"海上门户"的枢纽功能和便捷服务。

区校企合作

深化区校企协同合作，是助力区域高质量发展的重要途径之一。2023年，朝阳区深化与中国科学院的合作，启动了"扶摇计划"，与北京工业大学共建"山河湾谷"①创新区；与北京中医药大学共同打造"北京数智中医药谷"；与香港科技大学达成协议，打造国际化创新创业平台；与北京理工大学签订战略合作协议，共建北京理工大学国家大学科技园（朝阳分园）。

"山河湾谷"创新区目标是建设以北京工业大学平乐园校区为核心，辐射朝阳区南部的九龙山、十里河/西直河、百子湾、欢乐谷等周边地区的人工智能+产业创新高地和数字经济示范区，这是全市首个由政府和高校共建的环高校创新区。开展合作后，朝阳区依托区域优势，促进更多创新资源集成、更多科技成果转化，推动新质生产力融合发展，高校则与朝阳区实

---

① 指九龙山、十里河/西直河、百子湾、欢乐谷等周边地区。

现优势互补,加强机制创新,推动教育链、人才链、创新链、产业链深度融合,深化朝阳区"商务+科技"双轮驱动发展战略。

北京理工大学国家大学科技园(朝阳分园)是朝阳区与北京理工大学以服务强国建设为目标,开展区校共建,推动实现首都"两区"建设的使命任务,扎实推进教育、科技、人才实现良性循环的创新举措和生动实践。打造北京理工大学国家大学科技园(朝阳分园)能够将北京理工大学的区域优势资源、学校科技创新优势与朝阳区高质量发展深度链接,汇聚更多国际创新资源,聚焦朝阳区未来产业,重点打造国际未来产业园。

民间国际交往

朝阳区的望京、麦子店、亚运村、三里屯、建外等街道办事处均拥有国际化社区,有来自几十个国家的众多外籍居民。平时,各街道办事处和社区会通过举办"国家主题文化周""国际社区文化季""国际邻里节"等丰富多彩的活动,将大家聚在一起,加强中外居民间的交流。在望京街道办事处举办的首届国际邻里节活动中,中华传统武术表演吸引众多观众,外国志愿者们热情洋溢、动感十足的舞蹈表演也让青春的力量溢满全场。在建外街道办事处秀水社区联合齐家园外交公寓开展的第五届"秀外慧中 和合如水"国

际邻里节活动中，来自40余国的大使和高级别外交官、20余家国际组织和新闻机构工作人员及市区两级政府工作人员在轻柔的瑜伽中舒展身心、在动感的节奏中感受异域风情、在露营体验区打开城市生活新方式、在公共艺术空间聆听中外小学生带来的友谊之歌。

麦子店街道办事处有来自几十个国家和地区的居民，麦家汉语学堂对外籍居民特别具有吸引力，自2010年以来，有20多个国家的近400名外籍居民参加了汉语培训项目，汉语班的部分学员还担任了"爱心"英语班、老年人英语班的外教，为地区居民免费教英语，互益的语言学习课堂已经成为中外居民互动、中外文化交流的重要桥梁。

每年举办的国际社区文化季是麦子店街道办事处的特色文化品牌，是麦子店街道办事处覆盖人群最广、影响力最大、活动内容最丰富的中外文化交流活动。2024年，麦子店街道办事处第十四届国际社区文化季有由中外艺术家、国际学校学生共同表演的京剧，辖区文艺表演团带来的精彩舞蹈和模特秀，活动中设置的非遗展区和特色展区汇聚了传统文化、益智玩具、健体器具等多个品类。本届国际社区文化季还与"艺术朝阳""森林演出季""亮马河风情水岸"等知名品牌活动联动，全力打造市民休闲、健身、游玩、生活的高品质公共空间。

2004 年，麦子店街道办事处首创"中外居民过大年"活动，随后在朝阳区各街道、地区办事处广泛开展。中外居民一同包饺子、逛庙会、写春联、扭秧歌，欣赏扎灯笼、毛猴、盘扣等非遗文化项目和民间艺人展示的风筝、剪纸、风车、捏面人、吹糖人等技艺绝活，街道办事处的文艺团团体、居民志愿者和部分外籍友人登台表演时装秀、京剧、相声等节目。春节期间，在朝阳公园连续多年举办的北京朝阳国际风情节不仅有知名的外国乐队演出，还有舞龙舞狮表演，以及非遗传统手艺展示等精彩活动，让你不出朝阳，就可以感受中外文化，尽享国际风情。国际风情节少不了国际美食，异国美食一条街是每届风情节除主舞台外人气最旺的地方，来自不同国家的特色美食，让游客大饱口福。

品质"朝"生活

来朝阳，你可以感受国际化社区的品质生活！这里有中医药特色诊疗，以百姓视角向世界介绍中医故事、传播中医药传统文化；有饱受中外游客喜爱的秀水街，展现琳琅满目的特色商品；还有国际邻里节、国际社区文化季等社区文化活动，将中外居民汇聚一堂，共话魅力文化、共建友谊社区。

又见·朝阳
YOUJIAN·CHAOYANG

中医药特色诊疗

中医药是中华民族的瑰宝。2012年以来,朝阳区持续推进中医专家下基层,为基层医疗机构提供高品质中医药服务,全区52家社区卫生服务中心的实体中心设置了中医馆,228家社区卫生服务站可提供中医药服务,以近乎全科医生的诊疗特色和简便验廉的医疗资源供给,发挥中医药"未病先防、既病防变"的优势,构建涵盖治未病、重大疾病治疗和疾病康复的全生命周期健康服务体系。2023年,朝阳区入选了中医药传承创新发展示范试点,全市唯一。

作为首都中医药传承创新发展及国际交流的重要基地,朝阳区在促进中医药传承创新发展之路上不断探索,结合区域特色和丰富的中医药医疗资源,推进区属公立医院、社区卫生服务机构及社会资本举办医疗机构的中医药健康服务,将中医药与现代化时尚结合,让越来越多的居民通过一系列喜闻乐见的活动,增加对中医药文化的认识,选择用中医药为健康保驾护航,让家门口的"望闻问切"成为生活标配。通过中医药街乡行、中医药科普宣讲员大赛等活动,向百姓传授中医药养生知识、防治疾病知识;通过中医药文化进校园、中医药文化进企业等活动,增强中医药文化传播力,让更多人领略中医药文化的精髓;通过百姓中医药风采展示大赛,以百姓视角讲好中医故事。

作为首都对外交往的重要窗口，朝阳区还致力于"让中医走出国门"，建立了以社区中医师为网底、区属医院中医师为支撑、驻区中医药专家为指导的双语中医药文化传播团队。为促进中医药文化传播，打造了英、俄、日、西班牙四种语言的朝阳国际中医健康网，提供中医药健康信息、涉外中医药服务机构详细信息的查询；定期举办系列"驻华使节中医药健康日"、驻华使节中医药沙龙等活动，向驻区外籍人士输出健康的养生理念、生活方式；着力打造"亮马河说中医"系列文化传播品牌，向外国友人介绍中医药健康知识，引导驻华使节及其家人成为中医药文化的外籍传播者。来自30多个国家和地区的外国友人用英、法、俄等语言朗诵中医经典《本草纲目》，讲述自己被中医药文化"圈粉"的故事。

近年来，朝阳区在北京CBD、燕莎商圈、使馆区等地开办了多家涉外中医类医疗机构，与58家外国驻华使馆签订了家庭医生服务协议，为驻华使节及其家人提供具有中医药特色的家庭医生服务。先后在中日友好医院、北京和睦家医院、三里屯第二社区卫生服务中心、朝阳区中医医院、麦子店社区卫生服务中心、北京市中西医结合国际会诊中心启动了中医药国际服务试点基地建设，打造中医药服务特色的国际化健康品牌，为国际友人更好地提供中医药、中西医结合健康服务，促进中医药文化传播。

走进三里屯社区卫生服务中心门诊大厅，一进门就能够看到墙壁上张贴着中英双语的外籍医生团队信息，包括每名医生的出诊时间、出诊地点、擅长方向等，旁边还贴心设置了标有涉外医疗服务站的咨询台，咨询台有专人根据患者的具体情况，引导前往全科或中医外籍诊室。数十份关于家医签约、涉外门诊、医学英语等方面的双语指南在架子上一字排开，供患者取阅，就连地面引导线也是中、英、日、韩四国语言，跟着标识引导线即可顺利完成挂号、缴费、就诊、检查、取药等。

秀水街

"登长城、游故宫、吃烤鸭、逛秀水"是很多海内外游客游玩北京的主要打卡计划。秀水街"成名已久"，广受欢迎的中国特色的丝绸服饰及工艺品为其赢得了"北京丝绸一条街"的称号。自1985年开业以来，因商品齐全、款式新颖、交易灵活、服务周到，集旅游、观光和购物为一体，秀水街受到大量外国旅游者的青睐，被外国媒体誉为"民间交流中心"。

秀水街的发展特色与其地理位置密切相关。秀水街西侧是外交公寓楼群，东侧是国际俱乐部、联合国教科文组织驻华办事处、联合国农业即粮食组织驻华办事处、外交人员房屋服务公司，北面即是外国驻华大使馆区，南侧有爱尔兰等国使馆、国际小学、北京技术交流协会等。1995年开始，秀水街的声誉越来越好，来自全国各地的商人争相到此经营，商亭数量达到了250个，个体经营者1000多人，形成了以经营服装为主的外销型市场。2012年开始，秀水街引进了大批自主品牌、原创设计的厂家和产品。2015年，秀水街为全面提升品牌质量，开启了"闭市选商"行动，整合国内高性价比商品，大规模选取符合高端市场定位的商家，如原创设计、私人订制、自主品牌、外贸原单、时尚买手等，打造中国高性价比商品联盟，为中外顾客营造一个货真价实的消费世界。

近年来，老牌零售市场普遍受到电商的冲击。2021年，秀水街以"京韵秀色"为主题，开启了"秀水街3.0：小而美的中国新百货"改造升级。通过玉脂白、琉璃黄、青花蓝、中国红、长城灰等带有中华优秀传统文化特色和京城风采的区隔，规划出"归市、探京、锦乡、成器、知味"五大主题模块，打造京范儿沉浸式购物体验。可能是秀水街的国际范儿太出名了，很多人一度以为这里主要服务外宾。实际上，来秀水街的国内客群和外宾客群的比例基本相同。秀水街还承载了"中国品牌孵化器"的作用，与传统百货不同，秀水街在改造过程中坚持小店模式，选取一部分在秀水街成长起来的好商品、小品牌，给予优惠条

又见·朝阳
YOUJIAN · CHAOYANG

秀水街大厦（图片来源：朝阳区委党校　贺明摄）

件和更好位置，助力小品牌向大品牌发展。

要是你想不出国门就能买到国外大品牌，可以到秀水街来，这里引进了海南自贸区"超集好"跨境购品牌北京首店；要是你有外国朋友想买有中华文化特色的商品，可以来秀水街，这里有国潮珠宝品牌；要是你想买点蔬菜水果，也可以来秀水街，这里有果蔬好精品生活超市。

秀水街的产品频频"走出去"，向世界展示中国智造、中国设计的本土品牌、国潮好物。2022年北京冬奥会期间，秀水街作为政府指定外宾接待场所参与到了冬奥服务保障工作当中，派出代表中国文化特色和中国制造的优质店铺，定向服务参与冬奥会的各国代表团。2023年，第三届"一带一路"国际合作高峰论坛期间，秀水街接待了50余国的贵宾。2024年，在巴黎国际博览会"遇鉴中国"中华文化主题展上，由秀水街推荐的丝巾成为"北京礼物"代表，受到热捧。

科技"朝"体验

来朝阳，你可以嗨逛！嗨玩！这里有精彩的赛事在工人体育场上演，有充满科技感的消费体验，夜晚漫步街头还有灯光秀点亮各大商圈。美食、休闲、娱乐体验应有尽有，让你不虚此行。

又见·朝阳
YOUJIAN · CHAOYANG

"朝"有时尚范儿

朝阳区是北京市夜间经济活跃度最高的区域。夜间经济已经成为朝阳区消费增长的"新引擎"。手机信令数据显示，晚10时，朝阳区活动人口占全市的30%，排名全市首位。如此高的吸引力，美丽夜色必不可少。2008年起，蓝色港湾每年都会举办灯光节，扮亮北京夜空，点亮朝阳夜经济。随着朝阳区持续开展城市亮化工程，以"科技+艺术+灯光"元素有机结合的灯光秀，持续增强朝阳夜精彩。

2019年，中轴线北端的奥运中心区被点亮，以"鸟巢"为起点，奥海、仰山为终点，2.2千米的中轴空间光影可实现智能化一键式启动，呈现"一塔一路，山水联动"的视听盛宴，成为北京市的首个大型灯光秀。国庆期间，朝阳区3000余栋建筑物的夜景照明被同时点亮，奥林匹克森林公园、大望京、三里屯、CBD等上演了大型国庆灯光秀，片片霓虹南北遥相呼应。在奥林匹克森林公园，奥林匹克塔化身360度的光影载体，《普天同庆》《祥瑞中华》《光辉历程》《幸福生活》四个篇章被灯光展现得美妙绝伦。2020年的蓝色港湾灯光节充满了魔幻色彩，屋顶上、门头上、墙体上，随处可见挥动着触须、闪烁着鬼灵精怪大眼睛的可爱怪兽，如红色的"独眼怪"、紫色"吸眼仔"及"大嘴萌魔"，广场中心是"章鱼教授"，巨大触须指向天空、伸向人群，与游客互动。怪兽们形态呆萌，配上温暖的灯光，将蓝色港湾粉饰成一片如梦似幻的怪趣世界。

2023年北京朝阳国际灯光节，首次应用了6项科技创新成果，以潮玩法、潮视觉、潮科技的多彩夜间风景线点亮了科技范儿满满的朝阳夜色。亮马河上空"吉凤"飞舞，奥运核心区、三里屯、亮马河、蓝色港湾等区域，裸眼3D光影秀、多点同步秀、魔术表演交互光影秀、风筝飞行结合媒体光影相映成辉。大型户外灯光装置"星迹探索"以星群的方式进行组合，游客可以通过手势触摸互动，随着手势变化，光影也跟随流动，仿佛被带入宇宙中心，身临其境般感受星际的神秘魅力。三里屯太古里北区，全球首展的"触光捕乐GLOW"艺术互动装置，吸引了很多游客，一颗颗高低错落的"小星球"在灯光下闪动跳跃，40余种不同的音乐声音和动态灯光随着音乐律动，只要触摸交互"灯杆"，"小星球"便会发出独特的乐声和灯光，呈现一场独特的声光表演；太古里南区，"电光竖琴ChronoHarp"大型艺术装置，只要轻轻拨动安装在地台上的感应弦，就能与观众合奏一首独一无二的乐曲。在凯宾斯基酒店南侧的广场不定时开展光影魔术与沙画互动演出，来自国外的魔术师、艺术家利用灯光秀打造了一场光影与艺术的梦幻联动。一场场具有

又见·朝阳
YOUJIAN · CHAOYANG

2023年北京朝阳国际灯光节（图片来源：朝阳区融媒体中心　王悦摄）

超强体验感和区域特色的视觉盛宴,向世界讲述着"不夜朝阳"的现代化故事。

"朝"有文体范儿

一座北京工人体育场,半部新中国体育史。全运会、亚运会、大运会、亚洲杯、奥运会都曾在这里留下印记。春节联欢晚会、演唱会等大型活动都曾在这里多次举办,保存着一代又一代人的美好回忆。

1959年,位于朝阳区三里屯的北京工人体育场刚刚落成,就举办了新中国成立后首次高水平足球赛;1961年,这里举办了新中国成立后第一次世界大赛——第26届世界乒乓球锦标赛;1981年,中国国

又见·朝阳
YOUJIAN·CHAOYANG

家足球队的世界杯亚洲和大洋洲赛区预选赛在北京工人体育场进行,"冲出亚洲,走向世界"在这里响起;1990年,新中国首次承办的综合性国际体育赛事——第11届亚运会在这里开幕,一首广为传唱的《亚洲雄风》在北京工人体育场唱响,成为那个时代的最强音;2008年,作为第29届奥运会北京赛区男足、女足比赛场馆,北京工人体育场再次成为焦点。

北京工人体育场不仅是重要的国内外体育赛事场地,也是重要的文化演出场所。1985年,春晚第一次走出央视1号演播厅,来到这里录制。摇滚乐和乡村音乐传入中国后,"威猛"乐队在北京工人体育场举办演唱会,成为改革开放以来第一支登陆中国内地的西方摇滚乐队。一年后,《让世界充满爱》由百名歌星在北京工人体育场深情唱响,中国流行音乐也迎来了发展的春天。从那时起,北京工人体育场就成为文化交流碰撞的阵地,中外知名歌手都在此举办盛大的演出。

2020年,作为国内首批、首都首座国际标准的专业足球场,北京工人体育场启动了改造复建。2023年,随着6段工字钢拼合完成,北京工人体育场再次以全新的面貌"王者归来"。新工体遵循"传统外观、现代场馆"原则,保持了椭圆形造型、外立面形式和比例、特色元素不变,继续呈现1959年首都十大建筑庄重典雅的建筑风格。新增罩棚是新工体最大亮点之一，屋顶罩棚采用了大开口空间单层拱壳钢结构形式，罩棚外圈设置了环绕一周的光伏发电区域，同时发挥发电、防雨和通风的作用，通过此种主动式绿色技术为体育场地上及地下的配套车库等区域提供日常运行的部分电力。新工体的智能草坪采用了目前在欧洲顶级联赛主流的锚固草系统，天然草与人造草结合会让草皮在全年都维持在最优标准。改造后的新工体观众体验也大幅提升，入场进行了分流设定，采用最新的看台碗设计，提升看台坡度，使观赛环境更加舒适，环形跑道设计让观众可以听到球员说话、看到球员微表情。

2023年，在新工体举办的15场联赛和1场足协杯，有超70万人次观赛，场均上座亚洲第一、全球前50。中超联赛开幕式暨揭幕战首秀，数万人见证，在这座专业足球场感受前所未有的比赛氛围。10余场公益活动，从近在咫尺的城市社区到2500千米外的雪域高原，从扶残助残到关爱儿童，让500余人走进新工体感受奋发向上的体育精神和足球现场的独特魅力。新工体还首次举办了以生活方式为导向的大型活动——汽车生活节。从晨曦到日落，新工体化身缤纷舞台，为期3天的活动聚集30多家汽车品牌、100多家潮流生活市集摊位和3天现场乐队演出，让市民体验到"吃喝玩乐购"的一站式生活方式。

北京工人体育场(图片来源:朝阳区委党校 胡燕摄)

又见·朝阳
YOUJIAN·CHAOYANG

"朝"有数智范儿

发展新质生产力是推进高质量发展的内在要求和重要着力点。科技创新能够催生新产业、新模式、新动能,是发展新质生产力的核心要素。朝阳区围绕北京国际科技创新中心和全球数字经济标杆城市建设,深入实施"商务+科技"双轮驱动发展战略,构建科技产业新格局,发挥22所驻区高等院校、91家科研院所、28家国家重点实验室、61家北京市重点实验室、12家国家级工程技术研究中心和59家北京市级工程研究中心的优势,以中关村科技园朝阳园作为推进科技创新中心区建设的动力引擎,围绕北京市数字经济核心区建设,丰富科技应用场景,为科创企业成长提供沃土。

中关村科技园朝阳园打造了"朝启航""朝小帮""朝智囊"3个服务包,形成涵盖300多个服务项目的服务矩阵,搭建了光场采集、XR互动创新应用平台,数字人存证平台等共性技术平台。中国科协授牌的全国首个国际科技组织总部集聚区落户东湖国际中心,以国际化特色优势链接全球创新资源,持续推动更高水平开放创新。全国首个互联网3.0应用场景研究院落户朝阳区,探索适合场景的技术系统新形态和商业落地新业态,设计和创建围绕互联网3.0的全新应用场景。依托区内商业、文化、旅游、城市等领域场景优势,加快推动互联网3.0技术赋能产业数字化转型,"潮朝阳FUN生活"数字文旅消费地图,推动体验式消费场景在首创·郎园Station、望京小街等消费场景的创新应用。组织应用场景"揭榜挂帅",打造了工体元宇宙、凤凰元宇宙、泡泡玛特城市乐园、蓝色港湾商业元宇宙等一批示范应用场景,三里屯太古里南区入选全国示范智慧商店,三里屯商圈作为北京市唯一上榜商圈入选全国示范智慧商圈。

绿柳和风
水碧于天

亮马河的水,清澈灵动,联通世界。
元大都的景,古今相融,引领风尚。
温榆河的绿,葱郁叠翠,沁润心田。
来朝阳,在这蓝绿交织的城区中,恣意呼吸,极目远眺。
或许,你也会流连其间,陶醉其中吧!

绿色，是城市机体中不断生长的颜色，是忙碌生活中可望又可及的诗和远方。放在更广阔的视野来看，绿色亦是现代化进程中"城市，让生活更美好"的生动注脚。蓝绿交织、清新明亮的城市生态布局如何构建？出门见景的城市生态空间如何打造？"绿水青山就是金山银山"的城市样态如何实现？来朝阳，在这座"绿色之城"中走一走，看一看，或许，这里都能给出答案……

亮马河

水可以造就生命，河流可以孕育文明。河流是城市宝贵的资源，城市因水而生、因水而美、因水而兴。

兴业之脉

亮马河是一条有着600多年历史的古河，据《朝阳文史》《明一统志》等文献记载，这里因明永乐年间皇家马匹在此清洗、晾晒而得名。亮马河源出东北护城河，起自东直门外小街，朝阳辖区内起点为香河园路，向东北方向流经左家庄、三里屯、麦子店、将台、酒仙桥、东坝，最终在西坝村东汇入坝河，是坝河上游的一条重要支流，也是城区的排水通道，全长9.3千米，其中四环路以外长5.5千米，流域面积14.25平方千米。亮马河穿越第二、第三使馆区，牵起

又见·朝阳
YOUJIAN·CHAOYANG

亮马河国际风情水岸河道风貌（图片来源：朝阳区水务局）

三里屯、燕莎、蓝色港湾三大商圈，连通四环内的城市公园——朝阳公园、红领巾公园，是对外展示首都治水工作的窗口，也是首都大运河文化带的重要组成部分。

水城共融

关于朝阳区的亮马河国际风情水岸,你可能知道它是首都的"水上会客厅"。但是,你可能不知道的是,在改造之前,河道铺设着防渗膜,沿线有二十几个排污口,现在连通的朝阳公园湖和红领巾湖当时全是死水;沿线产权单位各管各段,河岸两侧的公共空间或作为停车场或作为存储空间,杂乱无章,生态环境堪忧;两岸企业背对河道经营,市民常绕行河道。以往的治理始终没能跳出"就水治水"的传统治理思路,开展河道清淤、河岸修建、水闸兴改建等,难以实现河道生态环境质的飞跃。如何在治理理念上"更上一层楼"?2018年,亮马河向全球征集景观设计方案,这不仅是朝阳区治水的头一次,也是北京市治水的头一次!最终设计方案从国际视野、城市视角、生态思维三个方面,以蓝绿同构为核心理念,从营城、理水、赋绿三个层面,将亮马河塑造成为一条兼具城市游赏、文化体验、康体休闲和生态意义的现代北京焕活风情走廊。方案充分考虑了北京特色文化、朝阳国际时尚和周边现代风情等多元文化元素的融合,通过河道水环境治理、周边公共空间品质提升等方式,在亮马河两岸形成建筑-绿地-水的无缝衔接,以实现水质清澈、自然生态良好和防洪安全的综合目标。

2019年开始,朝阳区启动亮马河国际风情水岸建

好运桥星空顶(图片来源:朝阳区融媒体中心 王嘉樾摄)

又见·朝阳
YOUJIAN · CHAOYANG

北京朝阳国际灯光节亮马河段（图片来源：朝阳区融媒体中心　王悦摄）

设，开展治河治城、旅游通船两个专项工作，经历了滨河空间治理、旅游通航和通航延伸三个建设阶段。

项目围绕国际视野、国家战略、北京印象、创新朝阳四个维度,充分整合水、城、景、文、游五个系统,实施岸线整治、桥梁改造、慢行连通、景观亮化、河湖贯通、旅游通航六大工程。2021年,亮马河国际风情水岸亮相,正式通船,航线全长6千米,在体验浪漫游船的过程中,游客可游览"1河2湖24桥18景"的风景线。

亮马河国际风情水岸打造了特色滨水文化旅游项目,汇集近400家品牌,夜间营业面积达12万平方米。自亮马河通航以来,周边总客流量增长近14%,重点商业项目销售额增幅超40%,商业活跃度增幅超32%。

共享共赢

人与自然是紧密依存、紧密联系的有机链条,生态是社会有机系统的一部分,生态环境向高品质转变需要各部门、方面形成合力,是生产与消费、城乡与区域、国内与国际等多方面多领域的协调发展。现在到亮马河赏游,河岸两侧的绿植和公共设施相映成趣,与沿岸的建筑融为一体。但在以前,河道两侧光铁栅栏就有三道,每道栅栏都代表一个管理主体:第一道栅栏与河岸相距8米,归水务部门主管;第二道圈住30米宽的绿化带,由园林绿化部门主管;第三道栅栏则标示大厦的红线,企业有绝对的话语权。流域虽是一个整体,但上下游、左右岸、干支流的权属不同,分而治之造成了空间割裂、景观破碎。要想实现景观的整体协调,必须实现蓝、绿、红三线融合。但是,如何达成亮马河沿线22家社会单位的共识是治理过程中无法绕开的难题。

最初,按照政府主导、企业参与的原则,初步形成了共商、共治、共建、共管的"四共"思路,但是在实施过程中遇到了阻力,比如停车问题,没改造之前红线内是自己的停车场,改造后停车成了难题,导致企业没有积极性。针对此类问题,在"四共"的基础上又提出了共享、共赢,创新形成了以政企共建为核心的"六共"模式,沿线单位真正感受到参与共治的好处,企业的积极性得到了提高,配合实施空间腾退,拆除各种形式的隔离,沿河约20万平方米的公共区域被收回,为统筹公共空间整体治理打下了基础。在三线融合的探索方面,亮马河国际风情水岸将河道、绿化、建筑融为一个整体,实现水中见绿、绿中有景、人在景中的和谐局面,亮马河国际风情水岸的项目建设面积为80.76公顷,其中水面面积16.67公顷，绿化面积 64.09 公顷，亮马河国际风情水岸把蓝绿交织、水城相融的城市生态建设要求落在了实处。

"五水"联治

绿色，既是生态环境的底色，更是本色。生态环境向高品质转变，根本上是落实"绿水青山就是金山银山"的理念，实现经济效益、生态效益、社会效益同步提升，真正让自然做功，实现"天人合一"。亮马河国际风情水岸坚持用生态办法解决生态问题，杜绝大拆大建，对沿线古树、大树保护成景，保持河湖自然本底，恢复河流生态，实施"五水"（治污水、禁地下水、用再生水、蓄雨水、抓节水）联治：拆掉原来河道的水泥衬砌，引入污水厂处理后的可再生水，再生水日补水量达 5 万立方米，对沿河 24 个排水口污水溯源治理，关停片区内绿化机井，禁采地下水，两岸绿地实施海绵措施蓄积雨水，片区内近 50 家大型用水企业创建高标准节水载体，实现河水与地下水自然交互的生态循环。

现在的亮马河，水里有芦苇、菖蒲等，岸上是垂柳、国槐、元宝枫，整个亮马河是水生植物、鱼类、鸟类、两栖类、昆虫类等生物的"大家园"，真正做到了用生态办法解决生态问题，成为一条会"呼吸"的灵动河道。

亮马河国际风情水岸的荷花(图片来源:朝阳区融媒体中心 王嘉樾摄)

又见·朝阳
YOUJIAN · CHAOYANG

交流互鉴

亮马河高颜值的水岸风貌，高品质的公共休闲活动空间，便捷舒适的滨水绿道，美轮美奂的滨河城市夜景，极大提升了区域吸引力，成为对外交流治水工作和对外形象展示的重要窗口。2023年，朝阳区创新探索皮划艇、赛艇、桨板等水上活动，策划开展高水

亮马河国际风情水岸绿道风貌（图片来源：朝阳区水务局）

平、国际化、多样化的文体活动，提升沿线文化属性和空间品质。

留域于民

　　高品质生态环境既是最公平的公共产品，也是最普惠的民生福祉。生态惠民、生态利民、生态为民，生态环境向高品质转变，最终目的是共享高质量发展成果。亮马河国际风情水岸两侧的休闲新空间，补齐了城市滨水慢行系统，打通了桥区建设10千米滨水绿道，使23个居民小区直达亮马河，水岸变"会客厅"、停车场变"百姓秀场"、河体变"市民乐场"、船闸变"沉浸式影厅"，桥梁变网红打卡点，满足了不同人群的公共开放空间需求。2023年，亮马河18千米滨水慢行系统正式贯通，从东直门至红领巾湖，沿着步道可以一走到底，之前穿三环路需要7分钟左右，现在燕莎桥下、亮马河左岸多了一条地下廊道，穿行仅需用时1分30秒。

　　一座城，一条河，城与河共荣共生。晚风吹行舟，烟火伴清欢；时光清浅处，日落也温柔。亮马河是城市之河，它时尚多元，所行之处皆有美景。从"背河发展"到"拥河发展"再到"逐河发展"，亮马河的蝶变是一个河流回归城市、反哺城市、服务于民的故事，流淌的河水漫延着绿意在城市中生长，城市的文明惬意在绿色的底蕴上悠然徜徉。

燕莎桥滨水通道（图片来源：朝阳区融媒体中心　王嘉樾摄）

元大都城垣遗址公园（图片来源：朝阳区园林绿化局）

元大都城垣遗址公园

　　朝阳区致力于打造首都的花园城市示范区，无界公园便是一个重要切入点，从试点"拆栏透绿"、推进

公园开放,再到加大公园绿地建设、实现公园与绿道连通,通过系统性打造无界公园,让风景与城市相融。

拆栏透绿

元大都城垣遗址公园始建于1988年,是横贯海淀区和朝阳区的一条带状公园,大体上与北京地铁10号

元大都城垣遗址公园内的海棠花（图片来源：朝阳区园林绿化局）

线的线路重合，沿小月河东西绵延 10 余千米，是个典型的带状亲水公园。这个公园没有皇家园林的巍峨与壮观，也没有森林公园的开阔空间，但是这里却隐藏着北京城古老的建都史。1276 年，元大都城垣建成，城墙基宽 2.4 米，墙体为分土筑成，故又称土城。到今天只剩下西土城北段遗址和北土城遗址得以保存下来。元大都城垣遗址公园就是在此基础上建造的公园，这是北京市最大的城市带状公园，拥有市区最大的室外

组雕和最大的人工湿地。它以史为魂,以水为线,诉说着历史的烟云。河畔上海棠花吐露着新时代的欢欣,每年有超百万游客来此游玩。

过去,以围栏为界,公园和城市泾渭分明,公园长度长,门区相隔较远,游客必须找到大门才能进公园,不熟悉环境的游客要走很大一圈,附近的居民要乘坐公交车,还要多走几百米的路,才能找到大门。元大都城垣遗址公园朝阳段东西长为4.8千米,从一个门区到另一个门区需要步行很长时间,整个公园,进也难、出也难,非常影响游园体验。公园围栏底部是一尺高的水泥墩儿,上方扎着1米高的黑色铁栅栏,顶部还有尖刺,显得冷冰冰,围栏不仅影响了绿道的畅通性,连公园绿色景观也被遮挡住了,把风景和城市生生隔开了。

2022年夏末,元大都城垣遗址公园(朝阳段)率

又见·朝阳
YOUJIAN · CHAOYANG

元大都城垣遗址公园内的悦享小筑（图片来源：朝阳区园林绿化局）

先试点"拆栏透绿"。但是，围栏并非一拆了之。改造前，公园多次征求周边百姓意见，讨论开放的设计方案，充分体现以人为本的设计理念。拆除围栏后的元大都城垣遗址公园给游客带来一个又一个惊喜，门区变身为一条被鲜花簇拥的小径，与市政道路无缝相连，

居民下了公交车就能直接走进公园,在林间步道上漫步,游客穿行更方便;公园美景一目了然,市民不必透过高大的围栏便可驻足欣赏。住在附近的居民感觉与公园亲近了不少,有时下班路上,会特意从公园里穿过去,看看哪些花儿又开了,游客们经常拿着手机给花花草草拍照,边走边摁快门,不知不觉就走进了公园,公园真正和城市融为了一体,一抹抹新绿与城市无缝衔接,通透可亲。

拆围栏只是第一步。公园内,门区拆除后,代之以6种形式的入口,如花箱式、景观艺术挡墙式、植物组团式、开放式等,围栏拆除腾出的一些边角地增加了观赏草、地被和色叶植物,补植各色灌木,绿植和花箱散落其间。公园外,公园和城市的接驳处进行整体提升,在公共设施上,让公园和市政道路形成自然过渡,挨着公交站的地方,打造了绕树廊架广场,建成了如叶脉状的座椅,为游人提供休息、阅读、交流的空间,候车人坐在木质座椅上就能等公交车;在景观设计上,根据公园绿地的现状,在公园和城市之间还设置一些不同风格的植物组团,在靠近中轴路的地方设置立体景观小品《松花长垣图卷》,邻近人行道的地方,改建成了灰瓦白墙、什锦花窗的带状景观。视觉上更清爽、逛公园更方便,使无界公园收获最多的赞美。

又见·朝阳
YOUJIAN · CHAOYANG

人在画中游

每年清明前后,元大都城垣遗址公园内的小月河两岸花开似锦,各色海棠绵延1.1千米,因此得名"海棠花溪",海棠花成为公园的特色主题花卉,更成为与玉渊潭樱花、植物园桃花相媲美的京城三大花事之一。元大都城垣遗址公园内不仅栽植了西府海棠、金星海棠、雪球海棠、垂丝海棠、果冻海棠、贴梗海棠等常见品种,还种植了露易莎、春雪、粉屋顶、粉手帕等新优品种,景区内的海棠品种达到了28种,共5000余株,是北京海棠品种最多、数量最大的海棠园,花期可持续到4月中下旬。一树千花,或深红浅红,或艳红粉红,或白中泛红,花朵妖娆多姿,色彩斑斓,

游客在元大都城垣遗址公园内赏花(图片来源:朝阳区园林绿化局)

没有围墙的遮挡,更多市民得以走进公园赏花、尝春味、品春天。

天工人巧日争新

元大都城垣遗址公园是朝阳区打造无界公园的一个范例,朝阳区的庆丰公园、大望京公园、望和公园北园等均已开放。建设无界公园,园为载体,人为核心。打造无界公园,不简单等同于在城市中建公园,把公园变城市,更是以公园为桥梁,搭建人与自然和谐交互的平台。好风景融入城市的同时,也对公园的秩序、卫生和游客安全保障能力提出了挑战。花园城市的建设需具备整体性和系统性的规划体系,从单一绿色空间向多功能复合综合体转变。

元大都城垣遗址公园开放之后,实行"闭园不静园",这意味着市民 24 小时都能入园。不论是晨起跑步,还是夜晚散步,都没有时间上的限制了。后期沿街休憩场地将会增设装饰灯带等,增加突出节点景观的投光灯、投影灯和阅读灯,使夜间园区绿地景观更加绚丽多彩。无界公园是一种新理念、新模式,也是对花园城市这一概念的实践,"闭园不静园"折射出无界公园发展将面临新问题和新挑战,这意味着以不断创新来迎接新的变化。

公园进行无边界改造前,与周边区域各自独立互不干扰。改造成无界公园后,最大的亮点和难点都在

又见·朝阳
YOUJIAN · CHAOYANG

元大都城垣遗址公园内的休憩场所（图片来源：朝阳区园林绿化局）

于"融合"，公园与周边区域融为一体，但由于涉及的管理部门不同，如何统筹协调是破解相关问题的关键点。随着公园游客量增多，个别无界公园出现乱扔垃圾、骑单车轧草坪、带宠物入园等不文明现象，这些现象对公园秩序、卫生和安全保障等工作能力提出了更高的要求。

新事物需要与之匹配的新管理模式。公园围栏拆除后，需要不断提升管理服务能力，完善细化公园开放管理机制。在协调联动方面，需要建立全区统筹、部门协同、属地负责、社会参与的工作机制；在提高游客体验方面，需要引入科技手段，全面提升广播、监控系统，达到人防、技防相结合；在推行公园现代化治理方面，需要科技赋能管理效能，建设智慧公园、数字公园。

拆除围墙、见缝插绿、城园相融，城市是花园，更是家园。公园从有墙变无界，拉近了自然与市民之间的物理距离，也将公园内的自然气息、人文氛围、艺术风情深深嵌入居民的生活中。人们既能在自然风光里游憩，欣赏小桥流水、杏花春雨，感受四时物候、光影变幻，也能在人文历史中穿梭，在生活气息中漫步。

温榆河公园朝阳段

温榆河公园朝阳示范区（图片来源：温榆河公园）

又见·朝阳
YOUJIAN · CHAOYANG

在北京绿化版图上，横跨三区的温榆河公园绿化是浓墨重彩的一笔，温榆河公园规划面积约 30 平方千米，是北京市城区内最大的"绿肺"，公园最大滞蓄能力约 1200 万立方米，可助力洪水防御。

温榆河公园朝阳示范区内的莺屋（图片来源：温榆河公园）

北京温榆河公园地处朝阳、顺义、昌平三区交界，清河、温榆河两河交汇处。温榆河是北京市五大水系之一，也是唯一一条发源于北京的河流，流经昌平、顺义、朝阳等地区，全长约 48 千米，流域面积 2478 平方千米。这里自古水网纵横，滋养着两岸的土地和人民,但也曾"臭味缠身""灰头土脸"。如今,经过腾退改造,这里水清岸绿、环境怡人。温榆河公园整体规划面积约 30 平方千米,其中朝阳段约 17.7 平方千米。公园集生态涵养、生境修复、蓄滞洪功能于一体,兼顾文化、休闲、体育等多元功能。

写意留白

温榆河公园朝阳段建设共分为三期,分别是温榆河公园朝阳示范区、温榆河公园朝阳段一期、温榆河公园朝阳段二期。最先落成的 2 平方千米示范区位于朝阳区孙河乡沙子营村。沙子营的名称与这个村过去的砂石产业有着密不可分的联系,早在孙河建乡时,很多砂石经营者就来此租地挖砂,沙子营村陆续建起了砂石场、垃圾分拣场、出租大院等,洗砂机、碎石机轰鸣,村里人晴天一身土、雨天一身泥。温榆河畔的这片土地被砂石场、搅拌站、废品回收站等低级次产业围堵得"喘不过气",温榆河大片的森林、碧野和湖泊因此消失,河床千疮百孔,只留下漫天沙尘、遍地的垃圾和刺耳的机器轰鸣。

2015 年,朝阳区对低级次产业进行清理,孙河乡 35 家砂石场和上百家出租大院被拆除清退,脏乱不堪的村庄恢复了整洁,腾退收回的上千亩土地全部用于绿化。尘土飞扬了 20 多年的沙子营村要与湿地为伴,成为温榆河绿色生态走廊的一部分。

又见·朝阳
YOUJIAN·CHAOYANG

温榆河公园朝阳示范区内的芸上梯田（图片来源：温榆河公园）

绿色蜕变

2018年，以沙子营村为中心，方圆2.4平方千米范围内正式开建温榆河公园示范工程，腾退地块渐次铺上"绿毯"。温榆河公园朝阳示范区在建设过程中，始终坚持生态、生活、生机内涵理念，分步实施，精心打磨。2020年9月，温榆河公园朝阳示范区开园，建成了莺屋、阳光沙滩、芸上梯田、望山阁等深受游客喜爱的景观。朝阳示范区分为东、西两大园区，规

划结构为"一轴、一脉、五区",即游园栈道轴线,湿地净化水脉,以及森林乐谷区、梯田湿地区、花溪锦田区、活力东湖区、探险森林区等五大生态景区,勾勒出一幅花团锦簇、水清岸绿、虫鸣鸟叫的生态画卷。

温榆河公园始终将生物多样性保护作为重要的工作之一,不断修复城市生态本底、扩大绿色生态容量,坚持还绿于民,还景于民。公园规划的60.39万平方米自然带,始终坚持科学的管理原则,避免人为干预、

又见·朝阳
YOUJIAN·CHAOYANG

促进自然演替,提升区域荒野和自然程度,助力自然带植物群落的自我维持和演替。棚改、腾退产生的建筑垃圾经过资源化处置变成再生骨料、再生水处理渗料、生态海绵砖等产品,用到了公园中。当年村口的狭长柳树林也保留了下来,设计成了公园的视廊,游客可凭此远眺。沙子营村的村民回到原来村庄,往日的砂石场不见踪影,取而代之的是享有"城市之肾"美誉的湿地,绵软的枝条既诉说着乡土乡愁,又抖擞

温榆河公园朝阳示范区内的黑天鹅(图片来源:温榆河公园)

于村庄翻天覆地的绿色变迁,勾连着浓情的过去和美好的未来。

多元共融

温榆河公园朝阳段始终坚持生态引领,以大尺度绿化为本底,以文化为核心,营造新时代的温榆休闲文化生活,逐步形成了教育、营帐、运动、潮玩、音乐五大主题特色。公园为向往户外的露营爱好者陆续开放了东岸草坪、浅草地、凭栏流水、比翼花海、芳

温榆河公园朝阳示范区内的木卯营地(图片来源:温榆河公园)

又见·朝阳
YOUJIAN · CHAOYANG

草地、林泉驿等合计面积约7万平方米的大众露营区，并陆续落位木卯营地、西部小镇等各具特色的精致露营区。

位于示范区西园的芸上梯田，春季油菜花依约盛放，铺满一山清丽，金秋漫山向日葵层层叠叠，灿然明亮，游客纷至沓来。这里还打造了青少年教育实践

温榆河公园朝阳示范区内的花溪锦田（图片来源：温榆河公园）

基地，让孩子们在农业耕种中尽情地闻花香、看麦浪、感受自然魅力。

位于东园的花溪锦田，有着城市中难觅的田园风光，这里有二十四节气七十二物候展示区、生活美学区、教育创新区、健康文化花园、植物市集五个功能分区，能够提供丰富多元的花田体验。

东囿云稼景点是公园探索冷季型地被的重要实践。园区采用应季果蔬与羽衣甘蓝的轮作模式，春夏以瓜果蔬菜为主，秋冬以羽衣甘蓝为主，充分发掘耕地生产功能，同时兼顾景观效果，打造富有趣味的农田生境，实现了三季蔬果飘香、四季景观迭代。

温榆河公园朝阳段将景观特色与运营功能特色进行有机融合，积极拓展城市休闲娱乐空间，先后落位朗昆自在营地、美小豹农耕自然教育营地、阿尔法探险营地、vpark泵道公园、玩儿越野主题公园、水上运动基地、足球场、网球场、摇橹船、西部小镇、爪吧宠物乐园、惊蛰时刻自然教育主题馆、尺木神奇世界、Zooland动物王国、奇幻精灵木谷等多个精品项目，并自主孵化公园自营咖啡品牌"Double U Coffee"、自营营帐品牌"木卯营地"、自营餐厅品牌"朝花溪食"，营造时尚潮流、全龄友好的户外体验，方方面面让游客沉浸式感受"一座公园和TA所倡导的生活方式"。

又见·朝阳
YOUJIAN · CHAOYANG

温榆河公园朝阳示范区内的阿尔法探险营地（图片来源：温榆河公园）

温榆河公园朝阳示范段也是各类文化体育活动的理想地，这里成功举办了公园半程马拉松、斯巴达勇士赛、温榆欢乐冰雪季、麦田音乐节、无限音乐节、一帐欢乐营等文化体育活动200余场。温榆潮玩生活节、温榆千灯会等活动火爆全网。

温榆河公园以蓝绿生态空间持续打造生活体验新

温榆河千灯会宣传图（图片来源：温榆河公园）

场景，让大尺度绿化的生态底色嵌入群众美好生活，园区品牌美誉度不断提升，连续三年荣登北京网红打卡地推荐榜单。

熙熙泰和
长乐无忧

"城,所以盛民也。"
民,乃城之本。
安居乐业是人民幸福生活的底色和基石。
有一种幸福,叫生活在北京朝阳。

三里屯太古里(图片来源:三里屯街道)

三里屯

　　三里屯,因距离老北京内城三里而得名。人们如今提及的三里屯,多指的是从工体东路与北路交界处算起,四周所覆盖的商圈。作为北京的重要城市名片,三里屯商圈生机勃勃,辖区内有工人体育场、太古里、三里屯SOHO、通盈、嘉铭中心、盈科中心等多种业态,19座大型商务楼宇,2400多家企业,3.5万名从

又见·朝阳
YOUJIAN · CHAOYANG

业人员,以及大量中外来客。这样独特的区位,让三里屯成为首都时尚创意文化符号、国际文化交流交往窗口和京城欢乐夜经济地标,无论白昼还是夜间,三里屯商圈都人流如织、灯光绚烂、商铺云集、热闹非凡。今天的三里屯,无疑是具有国际影响力的商圈。

三里屯商圈的蓬勃发展离不开三里屯街道在商圈治理方面的探索突破,在三里屯街道工委的带领下,近年来持续开展问需企业、问计企业、问效企业的服务,一系列的举措使得三里屯商圈的治理效能得到了整体提升。

但商圈快速发展也带来一些治理方面的困惑,比如:有的企业反映政府送的服务和活动类型多样,但不一定是企业或员工真正需要的,而企业有迫切需求时又不知通过何种渠道进行有效表达;有的企业员工说,工作朝九晚五,没时间和机会结识新朋友,找对象比较难;还有的企业表示,现在竞争消耗比较大,同质化比较严重。在这样的情况下,如何凝聚多方主体,让企业发展更好融入区域,都成为现实课题。

为了把这些治理难题解决,三里屯街道想了很多办法,也在实践中慢慢摸索经验,逐渐理顺了街道、楼宇、企业、员工、消费者等多元主体之间的关系。特别是在 2022 年 2 月,三里屯街道结合实际将所辖区域划分为长虹、雅秀和工体 3 个商圈,分别选举成立商圈党委，设立商圈治理委员会和商圈党群服务分中心。每个商圈党委设立专职委员2人、企业委员3人，把商圈党建、发展、治理、建设和服务多项职能一体融合、同步开展。3个实体化商圈党委成立以来，商圈治理越来越精细，给商圈内的企业、员工、消费者带来了越来越多的惊喜。

"有困难找商圈党委"

2022年，一家足球俱乐部的负责人找到工体商圈党委，希望能在赛季的主场比赛开始之前，在三里屯区域找到新的办公场地。工体商圈党委的所有党员一起出主意、想办法，从商圈空置房源的台账里一家一家进行详细分析，比对出3家符合要求的场地，最终在位于三里屯"金十字区"的一座大厦中找到了合适的办公地点。因为此次工作的成功，"有困难找商圈党委"这句话，在三里屯辖区的企业内广为流传。

除了帮助企业解决现实需求外，商圈党委还主动问需企业。三里屯太古里每天的客流量为6万~8万人，高峰时期可达到10万人，大客流带来人气的同时，也带来了停车位不足的烦恼。雅秀商圈党委书记在走访中了解到这个问题后，马上开始想办法，最终决定搭建桥梁，协调其他企业共享车位给太古里，一方面解决太古里的停车难问题；另一方面提高其他企业车位的利用率，盘活停车资源。后来，通过商圈党委协

又见·朝阳
YOUJIAN·CHAOYANG

雅秀商圈港澳青年"汇读书"活动（图片来源：三里屯街道）

调，雅秀商圈内相邻的两家企业在充分了解的情况下达成协议，面向员工和消费者开放部分车位。

此外，三里屯街道还举办了"三里·领航"党建引领商圈发展对话的主题活动，3个商圈党委举办了关爱联盟、午间时刻、红色记忆、读书分享、白领市集等高频次、小规模、多主题活动，真正把活动与企业文化进行融合，也真正把活动内容与员工诉求进行匹配。

我们一起"相约三里"

工体商圈的年轻人占比非常高，但一些企业的员工反映没有合适的交友机会，择偶比较困难。商圈党委书记立刻行动起来，找街道妇联的常务副主席商讨。

三里屯国际咖啡节活动（图片来源：三里屯街道）

经过前期精心的筹划、准备，在2023年7月开启了"相约三里"的第一场联谊交友活动，到2024年共举办了10多期，参加活动近千人次，经初步了解，有20对牵手成功。如今，"相约三里"逐渐成为三里屯商圈的一张幸福名片。

除了联谊交友，三里屯街道还策划推出一系列活动，让来自五湖四海的人们相约三里屯，一起碰撞思想的火花。如举办"汇聚三里，预见未来"三里屯招商大会，创新推出三里屯国际周活动、举办京港澳青年生活节、国际美食节、国际咖啡节等。

此外，2024 年，三里屯街道搭建完成三里屯国际青年人才会客厅"1+N"空间矩阵。"1"是主客厅，设置在三里屯街道综合服务中心；"N"是分客厅，目前有 3 个，包括港澳台侨分客厅、全球校友分客厅和 WeWork 数字消费分客厅。人才会客厅的功能很多，包括展览展示、公共服务、社交互动、孵化加速、国际交流等。人才会客厅正式运营以来已举办创新论坛、公开课、海外联谊会等近 100 场活动，累计连接多个国家的行业专家、创业者、投资人、高校青年人才 500 余人。同时，连续两年举办三里屯国际青年人才创新榜单发布会，推出"三里屯创新发展报告"，连续发布包含国际消费、文化创意和数字经济 3 个维度的国际青年人才创新榜单，让更多的国际创新人才在三里屯汇聚，找寻合适机遇，协同创新创业，为三里屯商圈发展注入源源不断的活力。

共建三里，荣耀有你

多方参与、多员共治、多方受益才能让三里屯商圈更加欣欣向荣。三里屯街道积极动员各方力量参与商圈治理，首先发挥榜样的作用，推出了"荣耀三里"榜样选树活动，在优秀榜样的影响带动下，"我为地区争荣誉，地区因我有荣誉"逐渐成为商圈共识。还通过创新设立"荣耀三里"公益基金、"崇军三里"千企万店双拥行动、"商圈环境提升计划"等品牌，让三里

三里屯志愿服务活动（图片来源：三里屯街道）

屯的企业和从业者有了主人翁的归属感和荣誉感。

在形成共识的基础上，三里屯商圈还陆续成立了三里屯商圈联盟、物业联盟、餐饮联盟等，规范行业自律，履行社会责任，引导企业在酒吧街转型升级、三里屯慢行系统建设等事关商圈品质提升的工程项目中，积极表达诉求和建议。同时，开启商圈整体性志愿服务，引导企业员工、党员群众参与到文明城区创建、支援协作、物业应急、无偿献血等志愿服务活动中来。一位企业员工在参加清理整治商圈环境卫生的志愿活动后说："我在三里屯工作5年，天天享受着这里的美食、美景和干净亮丽的街区环境，但总觉得自已是过客,今天的活动让我有种在家搞卫生的感觉。"

2024年4月,骑手驿站、消防驿站及"益立方"在三里屯太古里西区同时落成,这里不仅是外卖小哥、游客休憩的地方,也是各种志愿服务活动开展的空间。在"益立方"的墙上有一份服务项目表,免费理发、免费法律咨询、心理健康评估、义诊等活动分时段在这里开展,目前已开展20余场次活动,服务骑手和群

骑手驿站(图片来源:三里屯街道)

众500余人次。

如今三里屯辖区内的企业、商户、员工、消费者、新就业群体都有了归属认同感,都感受到了信任温暖,大家也都愿意参与到商圈治理中,共同享受美好的品质生活,"商圈发展共同体"让三里屯的日和夜,更加亮丽绚烂。

双井街道

我们想象的未来城市,是一个令人兴奋的画面,是一个充满科技创新与人文关怀的可持续发展的城市。北京朝阳,一直在探索未来城市的无限可能。

2023年12月29日,首届"未来城市大会暨未来城市大奖2023"颁奖典礼在福州举行。北京市朝阳区双井街道的"数智赋能 五宜'欣美井'打造数字经济生态共同体探索区域共生发展新模式"案例脱颖而出,荣获"城市数字生活实践奖"。作为北京市首个数字经济示范街道,双井街道把未来城市的蓝图一点一点变为现实,打造了"欣欣向荣 美美与共 井井有条"的"欣美井",探索出区域共生发展新模式,创造了生活的"新美景"。

双井街道位于朝阳区中心城地区,辖区面积5.08平方千米,现有18个社区,常住人口9.6万人。由于

又见·朝阳
YOUJIAN · CHAOYANG

地域历史、居住环境、人口结构等原因，区域转型发展的矛盾问题比较多。因双井街道地处合生汇、富力、乐成三个商圈交会处，周边环境的安全、秩序、卫生等焦点问题突出，且辖区内居住小区密度高、多业态小商户较多，再加之拆迁改造、老旧小区改造等难点，使得多类型的复杂问题交织在一起。

面对难题，双井街道在实践中边摸索寻路，边总结经验，用以人为本、数据赋能的理念去解决难题，推进基层治理数字化转型，逐步探索形成党建统领、"六网"协同的市民诉求办理模式，通过精细流程处置网、"三员双模"运行网、云端信息智慧网、政民沟通服务网、联播展示宣传网、"井"字督导监督网的系统化机制，让人民群众在遇到揪心事、操心事、烦心事的时候，知道向谁反映，明确是谁来办、具体怎么办，争取让每个诉求都得到充分的重视、每个难题都得到妥善的解决，用实实在在的办事效果提高人民群众的获得感、幸福感和安全感。

民有呼我有应

民呼我应是双井街道为民服务的核心理念，也是每天的日常工作。家住苹果社区的居民，曾经通过市民热线向所属社区居委会反映，说自己居住的小区楼下的地下一层有一处少儿篮球空间，在室内拍球的声音比较大，自家听得非常清楚，希望社区能够与商户进行沟通,帮助解决这一问题。听到居民这一诉求后,街道工委书记立即带领工作人员到居民楼内进行实地测试,反复验证噪声来源、测量现场音量。在查看了篮球馆内场景布置及课程安排,并与篮球馆负责人进行充分沟通协商后,最终敲定,将现有的篮球场地改为体能课场地,困扰居民已久的噪声症结彻底被解决。近年来,双井街道建立了社会领域协同治理机制,109家党建协调委员会委员单位以项目制认领、社会化运作、多元式参与的形式,实施共建项目,让民生需求得到了更好满足。

更智慧的服务

让我们生活的城市更聪明、更智慧,是人民对美好生活的期待之一,也是推动城市治理体系和治理能力现代化的重要方式。但是,治理协同难度大、运行平台少、基础数据散、重复工作多等情况,也是基层所面临的难点。

双井街道采用了"井井有条"双井社会治理大数据平台,用数据说话、用数据管理、用数据决策、用数据创新。通过对"12345"政务服务便民热线数据、网格员巡查数据、环境监测数据等进行深度分析,对问题的高发区域、案件、人群予以重点关注,将复杂问题进行梳理,形成问题空间画像,分析问题原因,为解决居民诉求提供真实有效的数据支撑。

又见·朝阳
YOUJIAN · CHAOYANG

"井井有条"双井街道智能治理平台（图片来源：双井街道）

双井街道垂西社区建于20世纪50年代，社区内平房、楼房都有，人口密度大、人均居住面积较小、堆物堆料多，安全隐患较大。为解决这个问题，双井街道通过共商共治机制，最终确定在垂西社区采用社区数字化治理系统，即"AI火眼"。"AI火眼"采用的是紫外线技术，当有火情时会自动提示，同时给相应的值班人员手机端、指挥中心后台、社区一体机后台发送警报。"AI火眼"可以进行楼道堆物识别、火情识别、消防通道智能监控、车棚安全防控、垃圾溢满及遗撒识别、视频巡控等工作，形成视听、监测、对讲为一体的智能报警系统，实现5秒就能从发现火情到识别

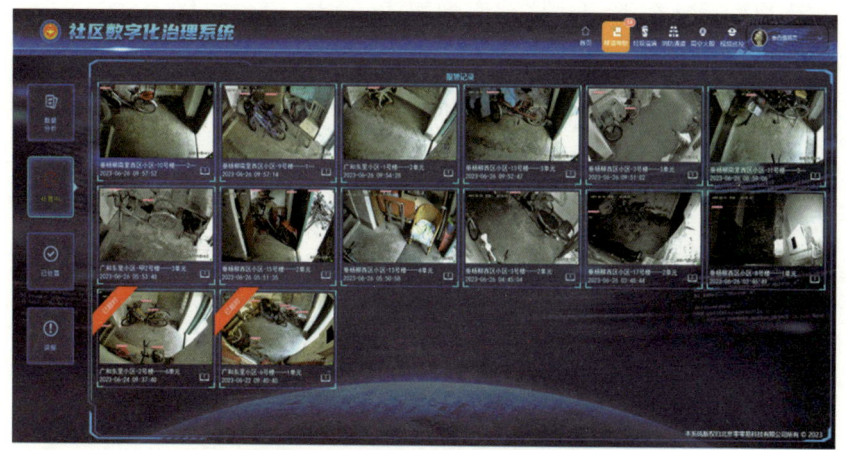

双井街道"AI火眼"监测终端（图片来源：双井街道）

再到自动警报。社区工作者可以通过摆放在社区内的一体机和手机端，街道工作人员可以通过市民诉求中心的"智慧大脑"系统随时查看相关情况。

此外，双井街道还利用大数据平台的信息，对垃圾分类和物业管理两个"关键小事"的集中诉求点和发案点位进行预警、预测和预判，让"关键小事"的处理变得更加主动，让源头预防、前端管控、长效治理的理想状况成为现实。

更有温度的服务

民生服务的"温度"就是幸福生活的"刻度"。双井街道在解决民生诉求的同时，还特别注重为老百姓提供更有温度的服务。双龙南里社区，就开设"移动

又见·朝阳
YOUJIAN · CHAOYANG

办公桌",每个季度"移动"到双龙公园,每周"移动"到社区7个院落,对计生、残联、社保、保障房等业务进行现场解答、现场办理。针对老年人、残疾人、困难群体等,"移动办公桌"更是随叫随到,入户走访问需,在家里办理相关业务。双井街道辖区内有2家养老机构、5家养老驿站、2个卫生服务中心、5家社区卫生服务站、20家社区便民服务商,以及温馨家园、暖心家园、职康站等综合性养老助残服务资源。双井街道将多样化的资源进行整合,专门搭建了适用于街道的智慧康养服务平台,为高龄独居老人发放了智慧手环、安装了"一键呼",实现了养老助残服务的

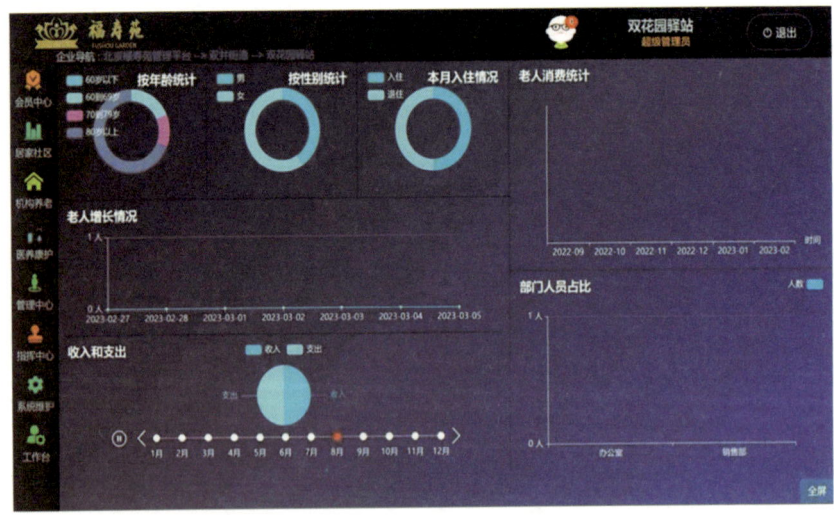

双井街道养老助残服务终端(图片来源:双井街道)

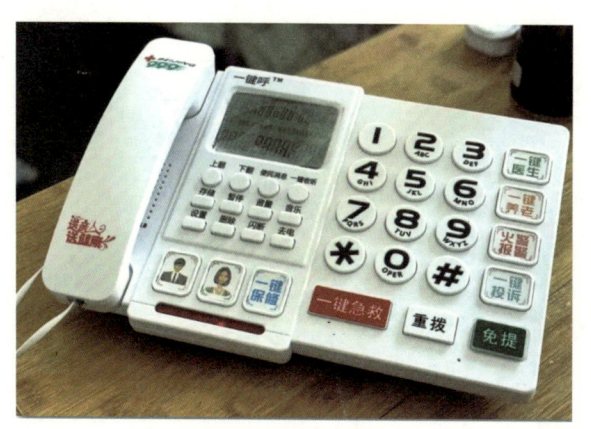

为高龄独居老人安装的"一键呼"（图片来源：双井街道）

云管理及移动端操作，基础数据管理、服务人员管理、服务数据采集、评价与管理等功能齐备。社区工作者、居民的家属可以通过后台随时查看使用者测量的体温、心率数据，使用者还可以与社区工作者、家属进行语音沟通。

"井井有条 美美与共 欣欣向荣"的"欣美井"就是在"认真办好每件身边小事，用心回应每位居民诉求"中达成的。

通过科技与人文共生，我们可以建设更美好、更友好的城市，为未来留下可持续的遗产。"欣美井"的双井"新美景"，就是在智慧时代以城市更新为契机，将数字技术融入城市建设每个细节之中，各方聚力一处，用智慧科技手段和以人为本的理念打造更加宜居、更加智慧城市的典型。让我们致力于创造更美好的城市，让未来变得更加光明，这是愿景，更是使命。

又见·朝阳
YOUJIAN · CHAOYANG

半壁店村

　　站在朝阳区高碑店乡的高处向西南方向放眼望去，村中白墙黛瓦清一色的小别墅，仿佛置身江南美景，这就是被称为"距天安门最近的美丽乡村"的半壁店村。半壁店村的美，不仅是因为景色美，更是因为生活美。

半壁店村村容村貌（图片来源：高碑店乡半壁店村）

改造前的村容村貌（图片来源：高碑店乡半壁店村）

生活便利又绿色

半壁店村下辖水南庄、西店、方家村、半壁店和小郊亭5个自然村，村域面积3.63平方千米，户籍村民2709户。按照2000年规划，半壁店村产业用地仅为1.88公顷，村庄没有详细规划；2006年前，全村以出租土地作为集体经济主要来源，所辖5个自然村发展极不均衡。2011年，半壁店村启动了涉及拆除458个院落、临时周转1012户的西店重点村改造项目，仅用2年时间，水、电、燃气市政设施一应俱全的62排370栋17.2万平方米的现代化建筑在改造原址建起，所有村民全部回迁。

又见·朝阳
YOUJIAN · CHAOYANG

改造后的村容村貌（图片来源：高碑店乡半壁店村）

曾经半壁店村辖区内的半壁店、小郊亭和方家村（以下简称"南三村"）居住环境恶劣、基础设施薄弱、公共配套不完善，曾多次出现危房，且上下水、供电早已不能满足基本生活需要。为了让村民早日摆脱恶劣的生活环境，半壁店村抓住广渠路景观廊道建设和湿地公园项目实施的机遇，仅用60天时间，就完成"南三村"周转腾退工作，创造了"半壁店速度"。

2024年8月，半壁店"南三村"全部实现水源切换，正式接入市政水，3800余名村民自此告别井水。看着水龙头里流出的自来水，半壁店村民激动地说："大家伙都挺高兴，最起码心里认为喝的是干净水

半壁店党群服务中心（图片来源：高碑店乡半壁店村）

了！"半壁店商户也表示："刚开始我还是从外边打水，但人工成本太高了，也没那么多精力，现在用自来水，很不错！"

为更好地服务群众，半壁店村建成了集村史馆、一站式办事大厅、新时代文明实践站于一体的党群服务中心，设立了便民服务超市，为村民提供全方位、一站式服务。

半壁店村不仅注重旧村的改造升级，还注重新村的生态建设。在保证绿化用地的基础上，半壁店村以"水脉"确定村域发展格局，深入挖掘运河文化资源，推动通惠河沿岸绿化和旅游观光设施建设。与北京排

又见·朝阳
YOUJIAN · CHAOYANG

中国·水谷湿地公园（图片来源：高碑店乡半壁店村）

水集团合作，打造亚洲最大的再生水湿地公园——中国·水谷，擦亮半壁店"绿水"生态名片。

半壁店村借助有300年历史的菩提树修建菩提园，建设绿茵小游园，增加景观绿化3800平方米，让百姓房前屋后、街边小景"遍地开花"，为村民打造花园式的居住环境。春日的海棠、盛夏的荷花与睡莲、秋初的金光菊……在半壁店村，村民可以真正感受到"四时之景不同，而乐亦无穷也"。

中国·水谷湿地公园的夏荷（图片来源：高碑店乡半壁店村）

生活富足又时尚

半壁店村曾经是一个名副其实的"四无村"（农村无农业、农民无耕地、农转居无工作、要发展无空间）。作为典型的城中村，曾经有无数条高压线穿境而过、7条铁路穿村而过、河湖保护范围难以规避、其他业态占地难以解决。20世纪90年代，随着最后一块种植土地退出，半壁店村只能依靠出租房屋的"瓦片经济"生存，想要进行升级改造困难重重，这种种难题

又见·朝阳
YOUJIAN·CHAOYANG

束缚着半壁店村发展。

面对各种困难,半壁店村人没有气馁,在村党总支的带领下,凭借"长风破浪会有时"的毅力和"不破楼兰终不还"的魄力,借助区位优势,充分挖掘村域内环境资源和文化内涵,依托通惠河、铁路和废弃厂房等,建设特色鲜明的新型产业园区。目前,辖区内通惠河畔文创园、菁英梦谷广渠文创园、西店记忆文创小镇等6个园区及与"南三村"新农村建设同步启动的金融产业园构成了多个园区并存的产业格局。文创园、金融园、科技园……各类产业园区成为广大

菁英梦谷广渠文创园(图片来源:高碑店乡半壁店村)

端午节龙舟赛（图片来源：高碑店乡半壁店村）

企业的梦想之地、创新之地，也成为半壁店村人的创收福地。

生活有趣又有盼

在半壁店村人的不懈努力下，半壁店村的产业园区得到升级，村域产业功能布局得到优化，村民的钱袋子越来越鼓，对于精神财富的需求也日益旺盛。为此，半壁店村人结合文化建设，提升村域品位特色，让精神食粮满仓。

在半壁店村，老、中、青三代的文化娱乐需求都能得到极大满足。村里坚持每年开展青年杯演讲比赛、中青年干部培训班、七一表彰会、道德讲堂等活动，尽可能扩宽村民视野；利用节假日积极开展村民喜闻乐见的文体活动，推出小年饺子宴、厨艺大赛、龙舟赛等品牌活动；组建彩茹舞蹈队、威风锣鼓队、女子太极健身队等19支文体队伍，多次代表高碑店乡参与市、区级赛事并取得了优异的成绩。村民们可以在各类文体活动和比赛中，培养长期兴趣点，生活越来越充实，脸上的笑容也越来越多。

在半壁店村，美丽是一种潮流风尚。面对婚丧嫁娶中的陋习，半壁店村积极开展移风易俗宣传活动，建设了专供村民操办红白喜事的喜寿堂、怀恩堂等，进一步推进喜事新办、丧事简办，不放过变美的任何一个细节。

通过丰富的公共文化服务供给，半壁店村推动形成文明乡风、良好家风、淳朴民风，是"仓廪实而知礼节，衣食足而知荣辱"的当代范本。

生活舒心又安心

"欲筑室者，先治其基。"良好的治理机制是人们生活长期富足和社会运转长效顺畅的保障。半壁店村以"支部+社区+园区+物业"的管理模式,让每位党员干部都参与到美丽乡村建设中,做到人人手上有项目,个个身上有责任,充分调动党员干部的主动性。

在半壁店村,高碑店污水处理厂和华能电厂征而未拆、征而未绿是一个历史遗留问题,实施周转腾退的困难极大。面对难题,村"两委"班子担任各地块党小组组长,通过划分片区、入户走访等多种形式,充分听取村民意见和建议,以村民诉求为出发点,"一把尺子量到底"。在不懈努力下,多年的历史遗留问题终于得到解决,村民利益也得到有效维护。村民感受到村"两委"班子的热忱与办事效率,愿意放心地把村务交给村干部处理。

半壁店村牢记"天下之务,莫大于恤民"的道理,坚持全方位惠民。2012年以来,村委会陆续出台了32项惠民措施,纵向贯穿幼儿至老年人不同年龄段,为儿童、学生、残疾人等各类人群提供兜底保障。

"家有一老,如有一宝。"针对村周围早餐摊比较少、居民吃饭难的问题,半壁店村社区养老服务驿站暖心推出"乐龄餐桌",还特别开启"品鉴暖心餐"活动,根据村民口味需求不断打磨菜单。"挺好吃的,餐厅真不错,我就住边上,太方便了,以后天天来吃!"村民们对暖心餐赞不绝口。

在半壁店村,0~3岁婴幼儿可以获得学龄前

又见·朝阳
YOUJIAN · CHAOYANG

教育基金,考入大专及以上院校的学生可以获得3000～50000元的现金补助奖励,持有半壁店村户籍且年满80周岁的老人可以获得免费生日蛋糕券和送早餐、送"两节"慰问等福利。此外,半壁店村建立癌症、大病医疗救助制度,以及癌症、大病医疗救助二次报销制度,让有患者的家庭充分感受到村集体的温暖,降低因病致贫的可能性。在各项兜底政策的实施下,半壁店村村民的生活更有保障,更具有安全感。

乡村蝶变,向美而行。半壁店村旧貌换新颜的历程,是无数个中国美丽乡村建设之路的缩影。让村民脸上洋溢更加灿烂的笑容,就是接下来的奋斗目标。

结　语

　　全书写到这里，朝阳的故事讲到这里，限于篇幅，暂时画上一个句号，但朝阳的故事还远远没有讲完。

　　抚今追昔，朝阳的故事扣动心弦。过去的朝阳，从首都传统农业区和重要工业区发展为国际交往的重要窗口和高新技术产业基地。沐浴在改革开放的春风里，朝阳区不断开拓进取，充分利用奥运会、CBD、绿化隔离带建设等重大机遇，以改革激发活力，主动探索创新发展之路，实现了跨越式发展。

　　又见朝阳，朝阳的故事缤纷绚烂。如今的朝阳，是"两区"建设的重要承载地。奋进在新时代的潮流中，朝阳区国际化特色显著，文化氛围浓厚，传统与现代交织，时尚与梦想涌动。CBD与三里屯展示着文化自信与多元包容，绿水与碧野展现着盎然生机与蓬勃活力，宛若珠翠的丰富生态图景不断呈现，群众获得感、幸福感、安全感不断增强。

再见朝阳,朝阳的故事魅力无限。未来的朝阳,在人民群众对美好生活的期待中,继续砥砺奋进。朝阳区将继续深入实施"商务+科技"双轮驱动发展战略,以丰富的应用场景培育高质量国际化创新创业生态,以新环境、新教法、新理念托起学子们的"教育之梦",以更加充沛的绿色空间打造"被森林环绕的花园城市",打造首都新质生产力融合发展示范区,以国际化特色优势链接全球高端资源,构建国际高端商务服务体系,以更加科学、精准、智能的基层治理创新让城市文化魅力持续提升。

奋进中的朝阳人已经踏准历史的节拍,在中国式现代化进程中将继续踔厉奋发,笃行不怠,不断绽放朝阳精彩,谱写时代新篇。

后 记

  守正创新续华章,业兴蓬勃彩鸾翔。琴韵光影潮风尚,垒台汇智济远航。绿叶繁荫舟轻畅,聚力共建幸福乡。

  北京市朝阳区乘势而上、开拓创新推进中国式现代化的生动实践与时代同步伐,与改革同频率。观朝阳不同时期、不同领域的发展,可以体会到改革开放以来,特别是新时代我国城市发展取得的历史性成就,从中感受到中华民族坚持不懈的奋斗精神和勇于创新的坚韧品格。希望读者通过《又见·朝阳——中国式现代化的朝阳故事》一书更加了解朝阳区,对中国式现代化的朝阳实践更加充满信心和期待。

  本书由中共北京市朝阳区委党校编写。朝阳区委副书记、党校校长范永红担任主编,常务副校长陈庆华担任执行主编,区委宣传部副部长潘竞、区委党校

又见·朝阳
YOUJIAN·CHAOYANG

副校长冻小林、白如冰、王志锋担任副主编。在策划和编写过程中，区委副书记、党校校长范永红为全书的编写明确了方向，常务副校长陈庆华统筹全书编写并制定了提纲，分管科研工作的副校长白如冰带领科研办公室全程组织协调。第一章由科研办公室陈亚萍编写，第二章由综合教研室张金慧编写，第三章由马克思主义理论教研室刘锦程编写，第四章由科研办公室张敏寒编写，第五章由综合教研室黄玥编写，第六章由党建教研室胡燕编写。科研办公室章颜对全书资料进行了整理，教务办公室贺明对全书图片进行了筛选，社会主义学院办公室姜原和全体青年教师参加了文稿修改。同时，得到了全体教职工的大力支持。

在编写过程中，我们得到了朝阳区委办公室、区委宣传部、区社会工作部、区农业农村局、区商务局、区文化和旅游局、区水务局、区园林绿化局、区档案局、文创实验区管委会、区融媒体中心、安贞街道、八里庄街道、朝外街道、建外街道、劲松街道、三里屯街道、双井街道、望京街道、潘家园街道、酒仙桥街道、麦子店街道、高碑店乡、将台乡、来广营乡、黑庄户乡及相关文化产业园、相关商业综合体，在图片和资料方面的大力支持和协助，得到了国家行政学院出版社胡敏社长和王莹主任的大力指导，在此表示真诚的感谢！

由于编写者水平有限，书中难免出现一些不当和疏漏，敬请各位读者批评指正。

本书编写组

2024 年 9 月